ぼっちな食卓

――限界家族と「個」の風景

岩村暢子

中央公論新社

序文にかえて
――同じ家庭の10年後、20年後を追跡してみたら……

この本は「食卓」を定点観測の場として、同一家庭89軒の10年後、20年後の変化を追跡調査した結果である。

ベースとしたのは1998年から2009年までに初回調査を実施した240家庭。そのうち10年後に連絡がつき調査ができたのは100余家庭（ただし有効サンプル89家庭）、さらに20年後の調査も可能であったのは89家庭中8家庭であった。

調査方法は、単なるアンケート調査やインタビューではなく、同一対象家庭にその都度、①アンケート調査、②1週間の食卓の日記と写真記録、③個別詳細面接調査（1・5時間）の3ステップで行う大変綿密な手法である。

したがって、10年前、20年前との比較も答える人の「記憶」ではなく、当時の具体的な「アンケート回答」や「日記」「写真」「インタビュー発言」に基づいて検証されたものである。

10年の歳月を経ると、小学生だった子どもは高校生や大学生になり、中学生だった子どもは就職したり結婚したりもしている。20年経つと40代の親は60代になり、かつて同居して家事・育児を助けていた祖父母は、亡くなられたり施設に入ったりしていた場合もある。どの家にも起きるそんな家族の変化をこの調査は如実に見せてくれた。

だがそれよりも、日常どんな食卓を囲み、どんな子育てをし、どんな親子や夫婦の関わりであった家がどう変わっていたかを、リアルに示す結果となっていた。

得られたデータをよく分析すると、私たちが「食」や「家族」に関してよく聞き馴染んでいる「何々をしているとやがて家族はこうなる」という通説が、必ずしもその通りではないということも次々と見えてきたのである。

さてどんな家庭が、10年、20年の後にどんなふうになっていただろうか。具体的事例に基づいて検証していく前に、初回調査時にとても印象的だった家庭の中から3家庭（A・B・C）を先に見ておいて欲しい。例えば、これらの家族がやがてどうなっていったのか、それはどうしてだったのか、考えながら読んでもらいたいからである。

【Aの家庭の初回調査】

お母さん（36歳）は朝食を食べない習慣の人で、小学生の子どもたち2人（9歳・10歳）

の朝食も用意しない。朝は、食べたい子は自分で食パンを焼いたり冷蔵庫から何か出して食べたりして、登校していく。休日の夕食も、お母さんは子どもたちを連れてスーパーやコンビニに行き、彼らに選ばせた揚げ物などの総菜をパックのまま出して食べさせ、手はかけていない。手をかけないだけでなく、親が子どもに何を食べさせたら良いか考えて出すのではなく、子どもの好みに任せて言ったものだけ出す。だから、野菜などはめったに出てこない。しかし、この家のお母さんは「子どもの自主性や好みを尊重している」と語り、「野菜が出ないことなんか気にしない。学校給食があるから大丈夫よ」と笑っていた。

インタビューでは、こんなことも言っていた。以前、子どもたちから「ママはなぜちゃんとした朝ご飯を作らないんだ」と抗議を受けたことがあると。そこで彼女は初めて、ご飯・味噌汁・おかずを揃えた朝食を作り、子どもたちを朝早くから起こして正座させ「（お前たちが作れと言ったのだから）残さず完食しなさい」と迫った。まるでお仕置きのようだが、彼女自身は食べる習慣のない朝食をわざわざ子どもたちのために作ったのだから、そう言いたくなったらしい。

そんな日が数日続くと、子どもたちは食卓でベソをかき始めた。そこで彼女は「ほら、こんなふうに親も子もイヤな気持ちになるくらいなら、もういい」と言って、以降、再び朝食を作らなくなったと語る。

さて、この母親と子どもたちは、10年後にどんな親子関係になっていたのだろうか。子どもたちは健康だろうか。そして、どんな「自主性」を持った人間に成長していただろうか。

【Bの家庭の初回調査】

調査時期はちょうど小学校の夏休み中だったが、この家のお母さん（42歳）は子どもたちの昼食を作らない。週2〜3日午前中のパートに出ている人だが、家にいる日も昼食の用意はしない。

理由を聞くと、普段は給食があるのに、夏休み中は家で用意して食べさせなければならず、3人の子どもたち（8歳・9歳・10歳）の好みを聞いて昼食の準備をするのはとても億劫《おっくう》でイヤだったと話す。そこでお母さんは一計を案じて、一人600円ずつお金を渡し、各自に好きなものを買いに行かせることにした。

食卓の日記や写真を見ると、子どもたちはそれぞれハンバーガーショップやコンビニ、お弁当屋やスーパーなどに行って、毎日自分の好きなものを買ってきてバラバラに食べている。お母さん自身は食事抜きかと思ったらそうではなく、子どもたちとは別の時間に自分の分だけ焼きそばやパスタなど、自分の食べたいものを作って食べている。

夏休み中の子どもたちのこんな昼食について、お母さんはどう思って見ていたのだろうか。インタビューで尋ねたところ「600円で買ってきたもののレシートを見ると、『へー、うちの子、こういうものが好きだったんだー』とか思ったりしますよ」と、その発見がいかに新鮮だったかを話す。

このような食事をさせたことについては、「子どもの好みを尊重している」ためであり、「子どもの将来に向けて、買い物と自立の練習（トレーニング）をさせている」ことでもあると、親の教育的配慮のように話すのだった。

そんなふうに好みを尊重され、自立の練習をさせてもらった子どもたちは、10年後にお母さんの思った通り「自立」した人間に育っているのだろうか。

【Cの家庭の初回調査】

この家の親は、子ども（8歳・9歳・13歳）がまだ小さいうちから食事の食べ方やマナーを厳しく言い続けていた。食事をするときの姿勢や箸の使い方、茶碗の持ち方、好き嫌いや食べ残しをしないこと、口を閉じて噛むこと。もちろん食事中に立ち歩きをしたり、食事そっちのけでテレビに見入ったり遊びに夢中になったり、ということも決して許されない。

子どもを持つ母親たちは、たいてい「（子どもの行儀が多少悪くとも）家庭の食卓は楽しいことが一番大事」と言うのだが、この家は全く違った。お父さん（50歳）もお母さん（42歳）も二人揃って「食事がきちんとできることは、お勉強ができることよりも大事」という教育方針。むしろ、食卓で人としての躾《しつけ》をするのだとさえ語っていた。

今どき珍しい教育方針の家庭で育ったこの家の子どもたちは、他の家に比べると決して

「楽しい食卓」で育ったとは言えないだろう。子どもたちは、10年後にいったいどんなふうに成長していただろうか。また、この家の食卓にその後も子どもたちは集まろうとしていただろうか、何より親子関係は円満に続いていただろうか。

実はこの3家庭について、私はこれまで何回か中高生の子どもを持つ母親の集まりで話したことがある。そして、こんな質問をした。「どの家庭の子どもが、10年後に家に帰らなくなったり、部屋に引きこもったりするようになったと想像しますか？　どの家族が10年後に親子円満で助け合える関係になっていたと思いますか？」と。

どの会合の場でも、居合わせた母親たちは申し合わせたようにほとんど同じ考えを語った。「Cの家庭は、食事が楽しくできなくて子どもたちが可哀想です」「AやBのようなことは、程度の差はあれ他所《よそ》の家庭でもたまにあることかもしれない。でも、Cの家のような厳しい躾をしたら子どもがどうなるか心配です」と。

結果は母親たちの想像通りであったか、本文の中で具体的に明かしていきたいと思う。

目次

第3部　「食と健康」をめぐる「通説」とシビアな「現実」……121

第4部　「個」を尊重する家庭食とその影響……139

ぼっちな食卓

――限界家族と「個」の風景

第1部

あの家の子どもたち
――かつての姿とその後の姿

1

子どもが邪魔

産後すぐに規定より早く職場復帰したある母親（33歳）は、その理由をこう話してくれた。「私は、長男（インタビュー時1歳）と一緒に家に居るのがうっとうしくて、子どもと一緒に家に居たくなくて、職場の規定より早めに仕事復帰したんです。家に居ると子どもが邪魔で、とてもストレスだったんです」

別の母親（44歳）は、出産したら育児に専念しようと思って仕事を辞めたのに、やがてそれを後悔したと話す。「出産したときはまだ私も、これからは子ども中心に切り替えて暮らそうって思ってたんですけど、そのうち子どものために私が自分のしたいことや大人の付き合いを犠牲にするのはイヤだと思って……それで、『子どもを1歳から保育園に預けるために』（10年前から）働き始めたんです」と。

寝入った子どもを一人家の中に置いて、二人で夜遅くお酒を飲みに出かけては育児ストレスを発散することにしている夫婦や、居酒屋に子どもを連れて行って、横に寝かせ置きながら深夜まで飲みふける夫婦もいる。調査期間中にまだ3歳の子どもを一人で家に置いて、昼間パチンコに出かけてしまったお母さん（33歳）もいた。

スーパーマーケットで3歳未満の子どもをお菓子売り場に一人放置して、別の雑貨売り場で買い物を楽しむお母さん（29歳）もいたし、ゲームセンターに未就学児の兄弟を置いて、他の店で夫婦の洋服選びを楽しむ親や、ショッピングセンターの駐車場に止めた車の中に寝た子（幼児）を置いて買い物をしていた親たちも複数いる。

「ウチは、そういうことはしない」という人も、子どもを複数のお稽古事やお教室、プレスクールなどに入れて、「私の自由な時間」を確保しようとする親は、珍しくない。すでにごく一般的なことだと言ってよいだろう。

インタビューでは「子どもに何かを習わせたいっていう教育的な気持ちより、その間子どもを見てもらって、私が一人になれる時間を作るためにスクールに通わせています」とか、「子どもと離れていられる自分の時間が欲しくて、子どもが好きそうな教室を探しました」という話をよく聞く。「ウチの子は幼稚園から帰ると家の中で遊びたいタイプなので、（私は子どもと一緒に家に居たくないから）公文や習い事のスケジュールをアキなく入れている」と話す母親（42歳）もいた。

幼児教室や幼稚園の入会・入園年齢が5歳から3歳へと早期化しているのは、かつてよく言われた早期教育指向でも英才教育指向でもなく、最近の子どもが習い事好きになったからでもない。「幼い子どもから解放されて自分の時間を持ちたい」親の側の強いニーズが少なからず影響している。

だから、それらのお教室やサークルは教育効果のすばらしさよりも、子どもが嫌がらずに喜んで通ってくれる「楽しさ」を売りにしたところや、「親子分離型」でお母さんがその間子どもと離れていられる教室、近隣に買い物や飲食などを楽しめる場所があるスクールの人気が高い。

インタビューで「最近、一番楽しかったこと」を話してもらっていたとき、「子どもの幼稚園行事」を挙げた母親（31歳）がいた。子どものＰＴＡや幼稚園行事を挙げる人は珍しいのでよく聞いてみると、「子どもは先生に任せておいて、気の合うママ友たちだけで学生時代の学園祭のノリで盛り上がったのが、すごーく楽しかった！」と説明してくれた。幼稚園の行事でも、「子どもと離れて」気の合う大人だけと「自分」が楽しめたことが嬉しかったようだ。

「週４日は実家に子どもたちを外泊させて自分の時間を確保して、自分をリフレッシュすることにしている」と語る母親（36歳）や「実家や夫に子どもを預けて、しょっちゅう外出していないと自分がとても持たない」と訴える専業主婦の母親（41歳）、週末には必ず「夫婦どちらかの実家に『邪魔な子ども（４歳）』を預けて、夫も私も『個人』として出かける日を作っている」と話す母親（44歳）もいる。

子どもをどこかに預けて確保した「自分の時間」は、買い物やエステ、友達とのランチや飲み会、カラオケ、趣味やスポーツ、小旅行など、子どもに煩わされずに「自分のしたいこと」をするために使うそうだ。（25「「私一人の時間」が欲しい」参照）

そんな親は決して少数派ではない。対象89家庭中、まだ手がかかる3歳までの子どものいる家庭は28家庭あったが、これらのエピソードは22家庭、つまり約8割の家庭の主婦から、いくつも重複して出てきた話である。この調査は育児について調べるものではないから、食卓の話を聞く中で自ずと語られたものだけでもそのくらい出てくるほど強い思いなのであろう。

しかも、その数は２００５（平成17）年前後から特に増加して、母親たちが「子どもと離れた時間が欲しい」と語る逼迫感《ひっぱく》（切実さ）もより強くなってきている。「児童相談所での児童虐待相談対応件数」（厚生労働省）の推移をみても「相談対応件数」が、２００４（平成16）年度の３万３４０８件から２０２０（令和２）年度には20万５０４４件へと６倍に増加している。これらも偶然ではないのかもしれない。

テレビのニュースなどで、ショッピングセンターや娯楽施設に一人でいた幼い子どもが事件に巻き込まれたり、家に長時間置き去りにされた子どもが事故にあったり、夏の車内に長時間置き去りにされた子どもが救急搬送されたりする話もよく見るようになった。それは、「特別な家庭」だけに起きた不幸な偶発的事故とは限らないのではないだろうか。少なくとも今、子どもと離れていられる時間を切実に求める親たちが増えている。

　幼い子どもとの暮らしでは、それまであまり経験したことのない苦痛を覚えると母親たちは語る。自分のしたいこと、自分のペースを守ることができず、自分が子どもの「犠牲」になっているような堪らなさである。

「子どもができるまでは好きな時間に遊びに行けて飲みにも行けたのに、それが全然できなくなって辛い」（31歳）という声は何度も聞いたし、「私はなんでもマニュアル通りにきちんとやりたい人なので、子どもがマニュアル通りにならないと行き詰って、すごいストレスを感じる」（34歳）という精神的苦痛を訴えた人もいる。「子どもが生まれて自由がなくなった」と、ほとんどすべての母親が語ったのは無視できない。子どもは家庭の経済よりも親の自由を圧迫する存在になっている。

　それを今の若い親たちが核家族育ちで育児に不慣れなせいだとか、閉鎖的で孤独な育児環境のせいだとよく語られるが、母親たちの話を聞いているとそれだけとも思えない。

「仕事」ならその時間だけで、私生活は自分ペースで自由にやれるのに、育児はそうはいかない。休みなしの24時間、自分の自由が奪われる日々。そこから思わず出てくる言葉が「子どもが邪魔」である。

　冒頭の発言で「長男（1歳）がうっとうしくて」「子どもと一緒に家に居たくなくて……」と、子どもと離れている時間を確保するために早期職場復帰したことを語った母親。彼女の仕事が実は保育士で、「規定より早めに復帰した」職場が保育施設だったことは、この問題を象徴的に物語っているような気もする。

2

ベビーチェアの中から始まる「孤食」

いま、赤ん坊のいる食卓光景はとてもシュールだ。

親が子どもに向かって「あーん、して」と赤ん坊の口にスプーンを運ぶ姿や、うまく食べられずにこぼしたりひっくり返したりする幼児の隣で世話をしながら一緒に食べる光景を想像していると、現実はそうとは限らない。

ある家庭では「子ども（1歳）は『抱ーっこ！　抱ーっこ！』と言ってうるさいから」、それを避けるために母親（30歳）は「いつも親の食卓と離れたテレビの前にベビーチェアを置いて、子どもをそれにはめ込んでテレビを見せながら、一人で食べられるスティックパンやバナナを与えることにしている」と話す。写真に写っているその姿は、もちろん孤食。母親はその間離れたところで自分の携帯をいじっているそうだ。

同じような理由で、幼い子どもが親の手を煩わせずに手づかみで食べられるバナナや冷凍のたこ焼き、フライドポテト、ミニサイズの冷凍お握り、ゼリー飲料などを子ども用の食事アイテムと決め、繰り返し与えている家はとても多い。目立って増えてきたのは2017～2018年頃からであった。その間に親がしていることも、かつてのように「朝の家事」や「他の子どもや自分の身支度」ではなく「携帯チェック」「メール交換」と答えるようになってきたのも同時期である。

親が見ていなくても「ちっちゃい子どもでも一人で食べられる」便利食品を探して、見つけると「私がハマっちゃって、もうリピートしちゃいます」と笑いながら話す母親たち。その情報交換も盛んだそうだ。

一人で早く食べ終えるように「食べ終わった人からゲームしていい」と言ったり、「何でも一口サイズに小さく刻んで効率よく手づかみで食べさせ」たり、あの手この手の工夫をしていることを語った人（37歳）もいる。

「子ども（2歳）が目を覚ますと、うるさくて邪魔だから」と、食事時間になっても寝ている子どもをあえて起こさない親（35歳）もいた。その子どもの朝食や昼食、そして夕食もしばしば欠食になっていたが、彼女は「気にしない」。「だって、何も食べさせていないわけじゃないし、食べたがったら食べさせるし」と言う。

「子どもたち（4歳・7歳）と一緒に食事するのは大人が落ち着かないし、とにかく私がゆっくり食べられないから」と、子どもたちと親はいつも別の時間、別の場所で食事することにしている家（母親44歳）もあるし、「本当は家族揃って食事するべきなんだろうけど、それじゃ大人がゆっくり食べられないから」と、「ウチでは朝も昼も夜も、子ども（5歳）はいつも一人で食べさせている」家（母親32歳）もある。

これらは、毎日、毎食ではなかったとしても、決して珍しいことではない。幼い子どもには別の時間、別の場所で食事させて、親はあとでゆっくり食べたいと言う声はもう多数派である。

子どもとの外食シーンも同様だ。

「美味しいものを食べに行くときは、実家に子どもを預けていくか、実家の母を誘って孫（自分の子ども）の面倒をみてもらいながら私たち親はゆっくり食事をすることにしている」と話す親はとても多いし、「家族一緒に食事したい時は、子どもが遊べる遊戯室があって、親はモニターを見ながらゆっくり食べられるような店を選ぶ」という親（34歳）もいた。

子どもは時々遊戯室から親たちのテーブルに戻ってきてはちょっと食べ物を摘まんで、また遊びに行く落ち着かない食べ方だ。それが「家族一緒」の食事と言えるかどうかは分からないが、この家の日常の食事光景をそのまま映していることはデータが示している。

ＰＴＡのイベントや子どものスポーツ大会後の「親子一緒」の打ち上げパーティも変わってきた。今では、レストランでも居酒屋でも「親子別テーブル」は当たり前。かつてのようにそれぞれの親と子どもがセットで座るスタイルはほとんど見られない。家庭でも外食先でも、子どもは大人とテーブルを分けて楽しむ「親子一緒」が増え、それを「親子一緒の食卓」と表現する人（34歳）が目立ってきたのは2006年であった。

ママ友の集まりでは「『邪魔な子ども（1歳）』は何か食べさせておけば静かにしているので、黙らせるために、普段は禁止しているお菓子や甘い飲み物を与えて、何時間も『大人の世界に入って』おしゃべりしています」（36歳・43歳）というのもよく聞く話だ。そんなときだけ与えるとっておきの食べ物や飲料を「（子どもの）黙らせ菓子」と呼ぶ母親（31歳）たちもいる。幼い子どもたちは、普段禁じられている大好きな食べ物を与えられているが、気づかぬうちに邪魔者扱いされている。

そういえば、2歳半を過ぎた子どもに、「私が子どもに食事を作ったり食べさせたりするのは面倒くさいから」とずっと哺乳瓶で粉ミルクを与え続けている母親（37歳）や、「食べたがらない子に食べさせるイライラがイヤで、子どもの食事はよくお菓子にしちゃうことがある」母親（40歳）もいて、そこにも子どもを煩わしい者のように語る親の「自分都合」が潜んでいる。

ましてや食物アレルギーの制限食や病児食を作らなければならない母親たちの「なんで、私が（こんなことしなければならないの）？」「もう、どうでもいい！」「知ーらないっ！」「やってられない！」「食べられなきゃ、食べられないでいい！」と、こらえ切れずに言い放つ言葉さえ、インタビューの席上何度も聞くことがあった。その負担感がとても耐え難いのであろう。

「子ども（5歳）が3日間も熱を出して、その間私は外にランチにも出かけられなかったんです。4日目にようやく（ずっと我慢していた）マクドナルドに連れて行ったら子どもが食べなくてー、帰ってきたらまた悪化して吐いてしまったんです」と、そのやりきれなさを訴えた母親（31歳）もいる。彼女は、自分が3日間も好きな食べ物や外出を我慢していたのでストレスが募り「子どものお粥とかは作る気もしなかった」そうだ。

「大人だけでゆっくり食事をしたい」「好きな外食に自由に出かけたい」「友達とゆっくり話したい」「大人ペースでやりたい」、今まではそれが叶ってきた親たちと、まだ一人では食べられず、誰かの手を煩わせずには生きられない子ども。その食卓の現実は想像以上に危うい。

かつては「子どもが小さいうちは仕方ない」と言い「合わせて暮らす」人も多かっただろう。だが近年は「邪魔」「ストレス」「うっとうしい」「やってられない」と、その本音を隠そうともせず母親たちが語るようになってきた。子どもと一緒の食事や子どもに合わせる食事を「毎日の苦行だ」と訴えた母親（44歳）さえいる。

そこで、幼い子どもたちを無理やり「一人前」扱いして一人で食べさせたり、親とは別の場所や時間に分けて食事させたりするために、一人食べの食品やベビーチェア、テレビ、玩具、そして店のサービスも日常的に活用されていると言って良いだろう。

やがて親は、子どもが一人で、あるいは子ども同士で買い食いや外食ができるようになることを期待し、子どもに仕向けるようになる。いわく「ウチも早く子どもが自分で買いに行ったり外に食べに行ったり、自分で出してきて食べるようになってほしいと思う」（31歳）、「昼間私の時間を子どもに邪魔されるのがイヤなので、子どもたちだけでファストフード店に行きたがるように仕向ける」（41歳）、「最近はやっと子ども同士（兄弟）でマックに食べに行ったりコンビニに買いに行ったりしてくれるようになったので、私としては嬉しい」（36歳）など。そう語られた子どもたちは、いずれもまだ10歳未満の児童である。

このように、外食や中食を活用した子どもの食の早期自立や単独行動は、子ども自身のためではなく、親の自由のために促される時代になってきたのである。それはいま「ベビーチェアの中から始まっている」と言って良いだろう。

そして10年後の同じ家のデータを見れば、その影響は決して小さくない。子どもと一緒の食事の苦痛を語り、子どもに食べさせる煩わしさを語った家庭の多くが「家族バラバラ」の「勝手にさせる」食事になっていた。特に２００５年以降、乳幼児期の子どもとの共食を疎ましそうに語った家の約半数に、後で取り上げるような「家に帰らぬ子」が出現していた事実も無視できない。（3「家に帰らない子、子どもを待たない親」参照）

3

家に帰らない子、子どもを待たない親

2回目（ないし3回目）の調査に応じてくれた家庭で、「15歳から19歳の同居する子ども」（以下、この項では子ども・子と呼ぶ）がいる家庭は67家庭（対象家庭の約75％）であった。子どもの数にすると合計93人（女の子40人、男の子53人）いたが、追跡再調査に表れたその子どもたちの見逃せない変化について、ここでは取り上げたい。

食卓日記をつけてもらっている1週間に、夜中まで外で遊んで深夜帰宅（ここでは、仮に11時以降を深夜とする）をした子や、飲食店やコンビニなどのアルバイトを理由に深夜まで家に帰らず外にいた子、仲間と外で集まって酒やたばこを口にしていた子、無断外泊があった子、自分の部屋に引きこもって家族を避け食事を共にしていない子、それはどのくらいいたか。該当する15～19歳の子ども93人のうち28人、3割を占めた。

家庭数に直すと、67家庭中25家庭（4割弱）にそんな子どもが1人はいた、ということになる。この数をいま「多い」と言うのか「少ない」と言うのか、私は知らない。

学校の体育祭や部活の打ち上げパーティで遅くなったとか、その日は親と喧嘩して帰りにくかった、アルバイト先や外出先でトラブルがあって帰宅が深夜になった、などのケースは除外してある。

この年齢の子どもたちだけではない。それより下の15歳未満の子ども、例えば12～13歳の子どもたちにも調査の1週間に同様の事実が認められた子どもが数人見られたこと、あるいはすでに成人しているが20～22歳の同居する子どもの中にも、「中学生の時から部屋に引きこもり、学校にも行っていない」子や、「高校の時から無断外泊が多く、今もたまにしか家に帰らない」子、「高校を中退して親とは没交渉。今も半家出状態」の子、「もう何年も自室にこもって兄弟の誕生日やクリスマス、正月の食卓にも出てこない」子もいて、同様の傾向を示す子どもたちはその前後の年齢にも、大きく広がっている。

10年以上前の調査時点では、2～3例しかそのような事実が見られなかったことを考えると、実に興味深い。よくデータを見直すと、このような子どもたちの出現もまた2005年前後から目に見えて急増していることも気にかかる。いったい、なぜだろうか。

それを考えるためにも、具体例を挙げて見てみることにしよう。

大学生の女の子（19歳）の場合。両親は50代で、下に高校生の弟がいる。

この大学生の女の子は調査期間の1週間にたった一度、それも半日しか帰宅していない。

連日無断外泊が続くが、母親（50歳）は「一人暮らしの友達のアパートに男女混合で寝泊まりしているらしい」「夜10時過ぎまでお酒を売るアルバイトをしているらしい」と言う。だが、それはあくまでも想像でしかなく、確かなことは母親にも分からない。「ちゃんと聞いたことはないけど、娘は月に10万円以上バイト収入もあるらしい」とも言うが、母親はこの子に「まだ学生だから」と毎月2万5０００円の「お小遣い」を渡している。

また、「娘の部屋は入ると激怒されるので入らないことにしている」が、不在時にたまに覗くと「ゾッとするような汚部屋《おべや》なんです」と母親は顔をしかめる。

外から持ち込んで放置された食べかけの食品や、飲みかけのペットボトル、汚れたアルミパックやポリ袋、脱ぎ棄てられた衣類や濡れたままのタオル、いくつものバッグなどが足の踏み場もないほど部屋中に散乱している。

だが、母親が女の子に何か聞こうとすると、こう言って怒るそうだ。

「あんたは私に、人に迷惑をかけなければ何でも自分の好きにやっていいって言ってたはずなのに、それに対して意見や干渉をするなんて、意味わからないし！　私の行動について要求することが多すぎて、こんな家になんか居られない！」

母親は娘とそんなふうに「ギクシャクした関係になるのがイヤで」女の子がたまに帰宅しても何も言わず、何も聞かない。そうして、またすぐ家を出て行くと、しばらく音信不通となり帰宅もしないが「その間、娘がどこで何をしているのか、大学に行っているかどうかさえ、私にはわからない」と話す。

女の子だから心配ではないかとインタビュー時に尋ねると、「こちらからそんなメールをしたりするとさらに帰らなくなるから、私からは一切連絡もしない」「もし深夜の遅い時間に帰ってくるとわかったとしても、だからと言って、途中まで迎えに行くとか、そこまでは私もしない。こっちも普通に先に寝てしまうので、夜中いつ帰ったかなんて、いつも知らない」と答えるのだった。

「だって、何より『私のストレス』になるから、娘のことは見ないように、娘のことは一切考えないように、しているんですよ」と、母親は自分自身を労るように語り、ストレスの原因である娘から距離を置こうとしていた。

もちろん、気まぐれに帰ってくる娘のために食事が用意してあるはずもない。女の子がこの週に家で食事したのは1回だけだが、物を取りに午前中やってきて昼食代わりにその辺にあるものを摘まむと夕飯も食べずに出て行ったそうだ。そしてこの週、一度も家で寝ていない。

10年前のデータを見てみると、この母親は「一汁三菜を必ず用意したい」「手作り指向で総菜は買わない」「マンネリ化しないバリエーションのある食事を大事にしている」とその心がけをアンケートに記し、発言もしていた。だが、実際に作ったり食べたりしているものを日記や写真で見ると、カレーやパスタ、丼ものなどの一品料理や出来合いの総菜、外食ばかり。

具体的に聞いていくと、マンネリ化しないよう気を配っているのは、しょっちゅう購入する「菓子パンの種類」だけだとわかった。

インタビューで語られることと日記や写真に表れる実態が全く異なる、非常に印象的な母親であり、食卓でもあった。

別の家の高校生の次男（18歳）。彼は、自室に引きこもったままほとんど部屋から出てこない。親や兄弟ともなるべく顔を合わせないように別行動をして、口を利くこともない。親は50代、上に大学生の兄がいる家庭だ。

次男がこうなったのは中学の終わり頃からで、「理由は全くわからない」と母親（51歳）は首を傾げる。また、高校には入学したがほとんど登校していないので、卒業できるかどうかも定かではないと不安そうに話す。

次男の食事は、「お腹がすくとたまに冷蔵庫からつまみ食いをしていることもあるらしい」と言うが、母親の説明によれば、「基本的にコンビニなどで自己調達」して、家族と関わらずに「自給自足」、「自分の部屋で独り食べ」している状態。

しかし、いわゆる「引きこもり」と少し違うのは、夜になると深夜営業のファミレスにアルバイトに出かけていくこと。自分の食事代はその収入で賄っている「らしい」と母親は言うが、その実態もほとんど知らない。また、そのアルバイトで得たお金で学校では禁止されているオートバイも手に入れ、深夜それに乗ってどこかへ出かけていくこともあるそうだ。

そんな次男について、母親はこう話す。

「この子のことを考えると、ホント、私が楽しくないんです。私がストレスなんです。でも、別に私と喧嘩していて仲が悪いわけじゃないから、話しかけたりして喧嘩にならないように、遠目でなんとなーく見てる、っていう感じですかね」

「それに、昔みたいに私が夕食とか作って用意しているわけじゃないので、どこで何を食べても息子が自分で稼いだお金でやってることは息子の自由なんで、だから食事のこともバイクのことも、私は何も言わないんです」

聞けば、この家ではだいぶ前から「夫も子どもたちも、誰がいつ何を食べるか『一日三食の時間も中身も自由』」になっている。「だから、何を食べたかなんてそんな干渉的なことは私も聞かないし、向こうも言わない。だから知らない」と、彼女は「知らない」を繰り返す。

10年前のデータを見ると彼女の記憶とは違い、この家ではその頃も彼女が「夕食とか作って用意していた」わけではない。それは同居する義母に任せて、彼女は「自分の自由になるお金が欲しくて」週4日10～15時のパートをし、他の日は連日そのお金で友達と外食をしたり自分の買い物やエステに出かけ、自分の生活を楽しむ人だった。

あまり家にはいないせいもあって、彼女が食事を作っても朝や昼にごく簡単なものだけ。小学生だった次男は学校から帰るといつも同居する祖母の部屋に行って、祖母の料理を食べていたことがデータに残っていた。

だが、その祖母が癌に倒れた頃から、母親いわく「私たち家族は、同居するおばあちゃんと没交渉になった」そうだ。今まで家族の食事作りや家事をしてくれた人が倒れると、同居しながらその世話はせず、関係を持たなくなったというのである。

そのいきさつや詳細は聞き出せなかったが、それはちょうどこの男の子が引きこもりを始めた時期、つまり「中学の終わり頃」に重なっていた。

高校を中退した後フリーターをしながら、（彼氏のアパートとされる）外泊先と自宅を行ったり来たりしている15歳の女の子もいた。

親は40代で、中学生の弟がいる。

女の子は、早朝から夜10時までコンビニや飲食店のアルバイトを掛け持ちする生活で、携帯代や外食費はそのアルバイト収入から払っている。

「舌や臍《へそ》などにピアスの穴をあけて、化粧もすっごいケバイので、それを見るとパパも引いちゃうんです」と母親（41歳）は苦笑いしながら話すが、高校を中退した女の子に校則はないから「何をしても私の勝手で、いいじゃん！」と言うそうだ。母親は「校則で禁止していれば私も言えるけど、校則がないなら、親に止める理由はない」と何も言わない。

彼女は女の子が高校を中退したことも、「彼氏」の家にしょっちゅう外泊してあまり家に帰らないことも、身体のあちこちにピアスの穴を開けていることも、「娘が自分で考える力や行動する力とかが無くなっちゃったら困るから、黙っている」「自分の意思で行動できない子になったら一番困るので、親は何も押し付けたくない」と、女の子の自由に任せている。「それに、娘が自分でアルバイトで稼いでいるなら一人前なので、何をしても娘の自由だと思う」と、アルバイト収入を得ていることを娘の行動の自由を認める根拠と考えていた。

彼女の生活について心配することはないかとインタビュー時に尋ねると、この母親も「何か言うとウザがられるから、私は何も聞けない」と言い、「でも娘の日常は、彼女のインスタをこっそり見ては、なんとなーく想像してはいるのでー（全く知らないわけではない）」と、その秘密探りの結果をむしろ楽しそうにいろいろ聞かせてくれた。

この家の食事は、10年前も今も、近所に住むおばあちゃんが運んで来てくれるおかずを中心に成り立っている。おばあちゃんの差し入れがないときは、家族それぞれが自分の好きな総菜やインスタント食品を勝手に買ってきたり出したりして食べるのが日常だ。

そのためカップ麺やインスタント・レトルトの麺類、カップスープや冷凍のパスタ・ドリア・ピザなどがたくさん買い置きしてあり、家族は頻繁にそれらを食べている。家族の誰かが簡単なものを作ることもあるが、それは親も子も原則的に「自分の分だけ」。決して「人のおせっかいはしない」のがこの家の流儀だと言う。

そして、今の暮らしについて母親はこう話す。「他の家族も娘もいつ帰ってくるのか、食事は食べるのか食べないのかもわからない。だから、私だってそんな人たちのために何も作らなくていいと思うし、私だって自分の勝手にしてもいいかなと思ってる」と。娘や家族の勝手な行動を、母親自身も勝手にできる根拠として語るのである。

だが、それは母親だけでなく、家族みんなが自分の勝手を主張して誰も他の人のことは気にかけていないのである。


また別の家の高校生（17歳）の女の子。親は40代で、妹や弟もいる。

「高校入学後、娘は自分の時間（友達と遊んだりアルバイトをしたりする時間）が大事になったので、朝食以外は家で食べることがなくなって、夜遅ーくまで家には帰らなくなった」と母親（48歳）は話す。

飲食店のアルバイトは夜10時までだというが、終わっても家には帰らず、そこからさらに「オール」で街に遊びに行ったり、バイト先の店長や友達の家に外泊したりする。

特に外泊が続いた夏休みのある日、久しぶりに女の子が帰宅すると父親が「遊んでばかりいて……」と小言を言い始めたそうだ。すると「娘は凄い感情的になって怒り、人間崩壊を起こして、パパと殴り合いの喧嘩になって、警察沙汰になって……家を出て行ってしまった」。

それからしばらくは全く家に帰らなかったので「家出をしていた夏休みの間、娘がどこで何をしていたかは、未だに謎なんです」と母親は首をすくめる。

母親によると「ウチの娘は『完璧主義』なので、自分が行きたいときに遊びに行けなかったり、欲しいときに買えなかったり、思い通りにならないとストレスになる」そうだ。そんな娘が「自分のお金ですることなら、誰とどこに出かけてもいいことなのに、パパはそれを言うから揉めて家出されるのよ」と、娘の行動より注意した夫に対して批判的だ。

彼女もまた、「本人がアルバイトで得たお金ですることは、何をしても自由」という考えで、他の多くの母親たちと共通する。

だが、その一方「私は、娘とは口もききたくないから、娘の食事も作らない」と言い、「話し合いなんかしても揉めて気分が悪くなるだけだから私はしない」。「それより一緒にディズニーランドで遊んだりして、お互い機嫌を直した方がいいじゃない」と、調査期間中にも二人でディズニーランドに出かけていたが、家出から戻った女の子の日常が以前と変わるはずもなかった。

10年前のデータを見ると、母親は週3日子どもたちを双方の実家に交互に預けて「自宅サロン」を開き、その仲間とのお付き合いを大切にしていた。

当時はまだ子どもが2歳と6歳だったが「ウチはみんなドライなので、子どもは自由にさせています。向こう（子ども）から何も言わないのに、こっち（母親）から関わったりするようなウザいことはしない」と、「頼まれもしない食事は作らない」ことも多かった。家族に干渉されて自分の自由が制限されること、それは娘以上に彼女自身が一番されたくないことでもあったようだ。

同じような事例はいくつも見られる。

連日「漫画喫茶」や「深夜ライブ」の店で朝まで過ごす15歳と18歳の兄妹、酒やたばこを常習して仲間と「オールで」街に遊ぶ16歳の女の子、バイトが終わっても公園にいて家族が寝てしまうまで帰宅しない17歳の男の子、どこで何を食べているのか家では食事をしなくなった中学生（15歳）の女の子、ガールズバーで深夜まで働き、バイト後もめったに家に帰らない女の子（18歳）等々。

そして、17歳のこんな女子高生もいた。彼女自身は夜遊びや外泊をする子ではないから先述の「28人」には該当しないものの、自分の部屋に同じ高校の「彼氏」が入り浸っていて、夜遅くなると自宅に帰っていく。

その「彼氏」の存在を知りながら女の子の母親も父親も無関心・無関与で、「玄関とかでたまたま会うと挨拶をする程度」の関わり。二人の食事も、コンビニで買うなど「二人に適当にやらせて」彼女の親は構わない。この女の子の親の無関心さもさることながら、男の子の親は学校が終わっても毎晩遅くまで家に帰ってこない息子の居場所とその理由を知っているのだろうか。

データにはこの男の子と同様のことをしている子（高校生16歳）もいた。この男の子も先述の「28人」には該当しないが、母親（53歳）によれば「長男は家に帰っても食事がないとわかっているので、彼女の家で食べて来るらしくて、いつも『お腹はすいていない』と言ってウチでは夕飯を食べることがない」。その日常を母親は全く意に介さず、男の子の夕食を用意するつもりもないのである。

近年、東京の「トー横」、大阪の「グリ下」など、「家に帰りたくない」「家に帰れない」中高生や若年層のたまり場が、新聞やテレビで話題になっている。未成年の子どもたちがそこで犯罪に巻き込まれるケースもあると聞く。

だが、それは住む家や居場所がなかったり、経済的に困窮していたり、親がいなかったりする特別な事情のある子どもたちだけだろうか。この調査に見られる「家に帰りたがらない子」は、両親が揃っていて住む家も本人の部屋もあり、差し迫った経済的困窮も見られない、いわばごく普通の恵まれた家の子どもたちばかりだ。

では、何がこの子たちの家庭の共通点だろうか。10年前まで遡りつつ検証すると、以下のような事実が見えてくる。

もともと親自身が「個人の自由」を語って、それを（幼い子どもを含め）ほかの家族に侵害されることを嫌う人たちであること。そして、親子の日常的な突っ込んだコミュニケーションをうっとうしく干渉的な関わりとして親自身も避け、揉めたくないと言って敬遠するような親子関係であること。さらに子どもが成長してくるとアルバイト収入など「子どもが自分で稼いだお金」ですることなら、未成年であっても何に使って何をしようと自由だと考える親であること。

そして、その親たちには子どもが幼い頃から、まるで突き放すような子どもへの奇妙な「一人前扱い」「大人扱い」も共通して見られる。彼らの幼い頃の食事の与えられ方は、その表れとして大変象徴的でもあった。

4

自由とお金と無干渉

前項（「家に帰らない子、子どもを待たない親」）で述べた28人の子どもたちの事例を俯瞰すると、こんなことも言えそうだ。

女の子にはアルバイト仲間や彼氏との付き合いを含む夜遊びや深夜帰宅・無断外泊が多く、男の子には自室引きこもりや家族関係への拒絶、そして必ずしも仲間と一緒ではない深夜行動が目立つ。男女で若干表れ方は異なるが、家にいることや家族との関係に距離を置こうとしていることは共通している。

なぜだろうか。彼らの家には、経済的困窮や親（保護者）の喪失・不在、物理的居場所がない等の問題が見当たらないことはすでに述べた。ただ、そこには他の家と違って無いものがある。

それは、深夜帰宅や無断外泊の子どもたちを案じて帰りを待つ親や、最寄り駅や途中まで迎えに行く親、不快な思いをしても真剣に子どもと向き合って話をする親。そして「あなたの分、取り分けて残しておいたよ」と冷蔵庫に入っているその子のための食事。それは、これらどの家にも見られなかった。

何時に帰るか分からない、食べるかどうかも分からない子に、「もしかしたら食べるかもしれない」と食事を作ったり取って置いたりすることを「なんで私が、そんなことまでしなければならないの?」「私だってそんな無駄なことはしたくないですし」とその親たちは口を揃えたように語る。「昨日も遅かったけど、夕飯はちゃんと食べたの?」などと尋ねる親ももちろんいない。

これらの家庭の10年前のデータを見ると、ほとんどの親が子どもの食事にあまり手をかけていない。それは単に「手作りをしていない」という意味ではない。「子どもの自由や好みの尊重」を語って、親が市販総菜やインスタント、レトルト、冷凍食品などからその都度子どもに選ばせたり、祖父母の家に食べに行かせたり、「子どもの勝手」にさせてきた家が大変多い。

食事以外のことも「子どもに任せている」「子どもの勝手にさせている」と、早くから子どもを一人前扱いしてきた親たちでもある。だから子どもが成長すると、子どもから「食べたい」と言われない食事は、用意されなくなっていく。

やがて子どもが深夜帰宅や外泊をするようになっても、注意したり叱ったりする親は稀で、メールやラインで尋ねることさえあまりしていない。そこにも子どもの「自主性」や「自由」の尊重が語られるが、それより「子どもが（私と）口をきいてくれなくなったら困る」「子どもが家に帰らなくなったら困る」「子どもに着信拒否されたら困る」、そして何より「子どもの機嫌が悪くなるようなことは（私が）イヤ」と言う。親子が険悪な関係になったりギクシャクしたりするより穏便な共存関係を求めて、逆に家に帰らない子どもを放置しているようにも見える。子どもの意思や自由の尊重を語りながら、本当の意味で子どもたちは大事にされているのだろうか。

父親が子どもを叱った家が2軒だけあった。だが、どちらの家も通常の親子喧嘩の域を超えて、（母親の言によれば）「大喧嘩の暴力沙汰バトル」や「殴り合いの警察沙汰」となっていたのも注目される。それ以降は、以前にも増して「黙る親」になっていたのも共通している。

公開されている子どもたちのブログやインスタ、フェイスブックなどをひそかに盗み見て、子どもたちの外の生活や居場所を探る親たちはいても、それを直接子どもに尋ねる親はいない。

「叱る理由がわからない」という母親も何人もいた。「なぜ、夜遅くまで街で遊んじゃいけないの？」「なぜ、毎日家に帰らなきゃいけないの？」と子どもに言い返されると、法律や校則にないことについて止める理由が分からないと言う。「良いかどうかは、学校に決めてほしい」と校則を求める親たちでもある。

法律や校則に違反しない行動の可否について、なぜか親の考えが語られることはない。

このように子どもたちの行動を容認しようとする親たちが、その根拠として異口同音に語ったのが、子どもたちの「アルバイト収入」であったことは注目される。月に数万円でも「収入がある」「それで支払った」と子どもが言うと、どこで、誰と、何をしても子どもの自由という考え方である。

「もうバイトもしているから、一人前なので（子どもは15歳）」「バイトであっても、自分で稼ぐようになった子（18歳）には口出しはしないので」「自分のバイト収入でやってること は、自由なので（16歳）」と親たちは言う。ほとんどの子どもたちがまだ親に生活費の大部分を依存し、学費やお小遣いさえ貰っているにもかかわらず、子どものアルバイト収入は親と子の関係を変えている。

ならば「学費を払っているんだから、ちゃんと勉強しなさい（卒業しなさい）」と言っても良さそうだが、そんなことを言う親は稀だ。なぜなら、高校や専門学校、大学も「行ってほしい」のは親で、子どもに「もう学校なんか、行かない」と言われることを恐れているからだ。

学校によっては、生徒のアルバイトを禁止するところもあるが、それは子どもたちが勉強に集中できなくなることや、生活時間の乱れ、アルバイト先の環境を心配するからであろう。だが、それら以上にいま懸念されるのは、子どもたちが「アルバイト収入」を得るようになると、親が子どもたちを急に「一人前扱い」「大人扱い」して、その生活から目や心を離してしまうことではないかと私は思う。

しかし、そのような傾向は子どもに対するときだけ見られるものではなく、パートタイマーなどで仕事復帰した母親たち自身にも少なからず見られる。彼女たちからは（その収入額の多寡に関係なく）「私はお金を稼いでいる人だから、何をしても自由」とか「仕事をしている私には、（何をしても）もう家族は文句を言わないで」「自分が働いて得たお金は何に使っても自由でしょ」「私は仕事をしているんだから、家のこと（家事）はみんな勝手にやって」などという発言をしばしば聞いた。少なくとも働き始めた人の4人に1人がインタビュー中に自らそう語った。単に家事の協力分担や軽減を求めているというより、家庭や家族関係の放棄とさえ見られるものが少なくない。このような親自身の考え方もまた、現代家庭の個の「自由」と「お金」の緊密で奇妙な関係を表していて、それは間違いなく子どもたちにも伝わっているのではないかと思う。

5

三男は私のペット

厄介な問題を子どもとじっくり話し合ったり、時には叱ったりするようなコミュニケーションがどうも苦手で、なるべく避けたい親たち。では、子どもたちに問題が起きたとき、どんなふうに関わろうとしているのだろうか。

インタビューでは、こんな策がよく語られた。

例えば、子どもの好きな飲食店に誘う、以前から子どもが欲しがっていた物を買ってきてやったりその買い物に誘う。３項（「家に帰らない子、子どもを待たない親」）では、仲直りするためにディズニーランドに誘った母親の話を書いたが、子どもが行きたがっていたショッピングセンター、アミューズメントパーク、普段は行かない高いレストランに誘う親もいた。

それなら子どもも親についてくる（外泊先から帰ってくる）し、一緒に楽しく過ごすと子どもの機嫌も良くなってお互い笑顔になれるからと言う。「ぶつかり合うような会話をするよりずっと良い」と母親たちは話すのである。

それで子どもが笑顔になっても、当の「問題」が解決したり子どもの行動が変わるかどうかは別だ。だが、多くの親が望んでいるのは子どもと口がきけないような対立関係を回避すること（＝仲直りすること）で問題解決とは限らない。それはまるで、友達と喧嘩をした後の仲直り策のようにも映る。

「友達」と言えば、母親が何人かいる子どもの中で気の合う特定の子どもだけと親密に関わろうとする「友達」のような付き合い方が無視できないほど増えている。

中学2年生（13歳）の娘を「女子同士」として「私のひいきにしているの」と話す母親（41歳）。1歳上の長男は「男子は面倒」と言って、母娘の頻繁な外食や映画鑑賞などのお楽しみから外している。普段の食事のリクエストもいつも娘からだけ聞き、贅沢《ぜいたく》な食べ物や珍しいデザートも二人分だけ買ってきて、誰もいない時間に「女子同士の内緒のお楽しみ」と言って食べる。データを見ても、夫や男の子の分はいつもない。

こんな母親（51歳）もいた。「私は長女（7歳）が生まれてから溺愛している」ので、「先に生まれた長男（19歳）が気難しい子になってしまった。長男は私と口もきかなくなって、中学校の頃から学校にも不登校がちなんです」と打ち明ける。

男の子は母親との関わりだけでなく、来客も嫌がって部屋に引きこもっているので、「長男のおかげで、私は家におばあちゃん（実母）さえ呼べない」と、彼の存在を厄介そうに話す。長女に対して、自ら「溺愛」という言葉を使ってその親密さを語ったのとは対照的である。

また別の家。「長女（19歳）は可愛いげのない子で、私に対する口のきき方もキツくて小さい時から私を『グータラだ』とか言って私に批判的な子なんです」と母親（54歳）は他人のことを話すように言う。「それに引き換え、長男（15歳）は可愛いし、私と気が合うので、私は長男のことばかりしてあげたくなっちゃう。長男と私は同じ習い事もしているし、気が合うので、家でも二人だけでよくおしゃべりしています」。

彼女は認めないがそのせいであろうか、「娘は中学生くらいから夜中2時くらいまで家に帰らなくなって、今では家族と一緒に食事もしなくなった」と母親は面倒くさそうに語っていた。

中には「三男（13歳中学生）は、私のペットなんです」と愛おしそうに話し出した母親（46歳）もいる。「三男は私に懐いて、私にひっついて来るし、いつも私に優しくしてくれる。だから私も、三男の喜ぶ顔が見たくて、つい三男とばかり出かけて、三男には好きなものを買ってあげたくなるんですよねぇ」。

この家には上に高校生の兄たちがいるが、二人とも高校入学と同時にあまり家に居たがらなくなって深夜帰宅や外泊が増えている。そして、彼女の日常は一層「三男中心になっている」のである。

これらの母親以外にも、特定の子をえこひいきする親には何人も会った。

子どもの一人と同じ音楽アーティストにハマって、そのファンクラブ活動や地方公演にその子とだけ頻繁に泊まりがけでおっかけ（推し活）をしている母親（47歳）。彼女は、家庭での日常会話も趣味が同じその子とばかりになると話していた。

上の子のスポーツクラブのサポート活動に「今私は燃えている」と公言し、家事もそっちのけで出かけている母親（41歳）もいた。焼きもちをやく下の子（9歳女児）の面倒も少しは見ろと夫に注意されるそうだが「主人に止められても、私は上の子の応援に行っちゃう！」と言っていた。

中学生になった娘に自分の趣味のテニスを始めさせ、「私も青春返りして」二人で友達のように楽しむ母親（40歳）もいた。彼女は、夫や高校生・大学生の子どもたちには「私のプライバシーを見られるのはイヤ」「私には私の世界がある」と言って、メールの返信さえあまりしない人だ。同様に、娘（8歳）を自分と同じ卓球クラブに入れた母親（36歳）は、子どもは3人だが、クラブのない日もその子とばかり過ごしていた。

「私の言うことをきく可愛い息子（14歳）をカッコよくしてあげたくて、息子の洋服やグッズを買うのが、私の楽しみ」と語る母親（48歳）は、長女には関心がないと明言し、その子とはコミュニケーションもうまくいかない。

「私と気の合う」長女とばかり親しくして、長男が希望の高校に合格した春にも「長男の高校合格祝い」を口実にしながら、なぜか長男は家で留守番させ、「気の合う娘（高校生）と二人で、「『高校入試お疲れ様』の海外旅行に出かけた」ことを嬉しそうに話す母親もいた（52歳）。

こんな特定の子どもだけとの仲良し親子関係は、そこだけを切り取って見たらとても微笑ましくも見えるが、同じ家庭の中に「ひいき」されなかった子どもを生み出している。

親はなぜ、特定の子を「ひいき」するようになってきたのだろうか。

母親たちの話を聞いていると、そこには親と子であるよりも、無意識のうちに、友達同士のように「個」と「個」の関係で「気の合う」子どもとばかり関わろうとする心を感じる。

「友達親子」という言葉が盛んに語られるようになったのは、１９８０年代半ば頃からであっただろうか。当初それは、大人と子どもが対等な目線で何でも話せるような、民主的でフランクな親子関係を連想させたが、これらはそれとも少し違うようだ。

子どもを友達のように見る親は、気づかぬうちに子どもを都合のいいように「一人前」扱いしたい親であり、無意識のうちに自分と「気の合う子」と「気の合わない子」に分けて関わりを変える親でもある。そんな親と子の危うい関係がデータに急浮上してきたのも、２０００年代半ばからである。それは、「友達親子」が称揚された時代の子どもたちが成長し親となった時期とも奇妙に重なっているようだ。

昔も、親が兄弟姉妹を差別して扱った話はよく聞いたものだが、それは大抵「家を継ぐ長男は下の弟とは違う育て方をした」「年の離れた末っ子は、ついみんなで甘やかしてしまった」というような話ではなかったかと思う。

今は親と子の関係さえ、「個」と「個」の関係に近づき、子どもたちの中にその親と個人的に「気の合う子」「気の合わない子」を生み出して、親子や家族の関係を変えつつある。そして、先に取り上げた「無断外泊」や「深夜帰宅」「引きこもり」の子どもたちは、その結果「ひいき」にされなかった方の子どもたちと少なからず重なっていることにも注意したい。

親は友達感覚であっても、子どもにとって親は友達と違う。「ひいき」にされなかった子は自分を「ひいき」にしてくれる親を外に求めることができないし、代わりに「ひいき」にしてくれるかもしれない祖父母が同居する家庭も、今は少ないのである。

6

させてあげる「お手伝い」とその結果

子どもたちが家庭でお手伝いをすることは学校でも奨励されている。家族が協力しあって暮らすことを教えるためであろう。

だが親たちは、調査が始まった20年以上も前から子どものお手伝いをこんなふうに語っている。お手伝いは親が無理にさせるものではなく、子どもが「やりたがるとき」に「やりたがること」を「やりたいように」「させてあげる」ものだと。押しつけや強制ではなく「楽しく」させてあげたいとも言う。

かつて「親や家の必要」に応じて「親の示すやり方」で「させられる」ものだった時代のお手伝いとは、大きな違いである。

さて、今日のそんなお手伝い体験は、子どもたちのその後の生活や家族の関係にどんな影響をもたらしているのだろうか。データに基づいてみてみたい。

ある母親（36歳）は、子どもたちにお手伝いを「させてあげる」ことを面倒そうにこう語った。

「同じ料理のお手伝いでも、子どもたち二人（9歳・10歳）のやりたがるところはいつも一緒だから、『そこだけしたい』と奪い合いの喧嘩になるんです。だから、二人に同じことをさせてあげるために、私の仕事は倍になってしまう」と。

別の家では、小学校の冬休みの宿題が「大掃除の手伝い」だったそうだ。両親（共に40代）は子ども（7歳）に何をさせたらよいか思案した挙句、子どもにさせると厄介な網戸洗いや台所の掃除は二人で終わらせて、子どものやりたがる簡単な「窓ふき」だけ「させてあげる」ことにした。そして、子どもに「お手伝いの達成感を味わわせてあげた」そうだ。

こんなお手伝い経験をした子どもたちは、10年後にどんな成長を見せていただろうか。

料理のやりたいところだけ奪い合って「お手伝い」していた姉妹は、18歳と20歳になっていた。だが、「二人とも友達付き合いやサークルが楽しくて、普通の時間には家に帰らなくなった。もうウチの中のことなんか全く興味ないから、お手伝いなんか私が頼んでも、全く、何にも、しない」と母親は諦め切ったように言う。

学校の宿題で窓ふきの手伝いを「させてもらった」男の子は高校生になっていたが、「あれ以後、家の掃除は手伝ったこともない」と母親は話す。最近ごく稀にパスタを作ったりすることもあるというが、それは「自分の気が向いたときに、自分の食べる分だけ」。「絶対に私に口を出させないし、絶対に家族の分は作らないんです」と、母親は「絶対に」という言葉に何度も力を込めて語った。

この子どもたちだけでなく、「大きくなったら家のことなんかに全く興味を持たなくなったから、（興味のない）手伝いなんかしたがらなくなった」「小さい頃は面白がって手を出したこともあったけど、今はもういくら言ってもやろうとしない」と、子どもが大きくなった母親たちは口を揃える。子どもたちの興味・関心に委ねた「お手伝い」は、それが他に向くと期待できなくなるということだろうか。

「小さい頃から子どもが興味を持った時に楽しく料理のお手伝いをさせてあげていたら、きっと18歳くらいになったら言われなくても料理をする子になると思う」と初回の調査で強く主張していた母親（当時45歳）がいる。10年後に会うとその女の子は19歳の大学生になり飲食店でアルバイトもしていた。だが、「『料理なんか、私は全く興味ないし』と言って、娘は家の手伝いなんか一切しない」「私を家政婦だと思っているから、手伝いを頼むと喧嘩になるだけ」と嘆いていた。あんなに期待していたのに、この家でも母親の思ったようにはならなかったらしい。

だが、中には10年後も子どもが「手伝いをしている」と答えた親もいる。決して多くはないがその家の子どもたちの「手伝い」についてよく調べると、奇妙な共通点が浮かび上がってきた。

それは、「自分の部屋のゴミを出す」「自分の食べる夜食や間食を作る」「自分の洗濯物を自分の部屋に片付ける」「自分の食べた食器を台所に運ぶ」など、「自分のこと」ばかり。昔はそれを「手伝い」とは言わなかったと思うが、今は多くの親が「手伝い」と見なすようになっているのも興味深い。

10年後に成長した子どもがそんな「お手伝い」を続けているのが目立ち始めたのは2015年前後であった。また、その頃から小さな子どもの「お手伝い」を奨励する目的として親が語ることも変わり始めた。「子どもたちが将来、自分のことを自分でできるように」自立のトレーニングだと言い始めたのである。

そのせいか、「別に家庭でお手伝いなんかさせなくても、今はどこにでもコンビニもあるしいろんな外部サービスもあるから、一人でやっていけると思う」（49歳）とか、「自分ででできるようにならなくても自己責任だから、その時になって自分で何とかすればいい」（54歳）という理由で、「子どものお手伝い」無用論を語る親も出てきた。元々、お手伝いは家や家族のためにすることと捉えていないから、将来本人が困らなければしなくていいと言うようになってきたのであろうか。

その背景には、みんな「自分のこと」しかしなくなってきた家族の現実がある。多くの母親が「みんな自分のことしかしません」「夫も子どもたちも、他の家族のことや家の仕事は誰もしません」「夫も子どもも、他の人のことは絶対にやらない人ばかりです」……と半ば怒りをこらえるように話す。他の家族のことをするのは自分だけだと諦めたように言う主婦も多い。

しかし、そんな母親自身も家族のためにしなければならないことがあると、「なんで私がしなくちゃいけないの?」と感じ、「持ち出し」とか「犠牲」「損」などと言ったりする。子どもの手伝いだけでなく、時に母親も父親も、家の中で自分以外の誰かのためにする仕事をストレスと感じるようになってきている。まるで「私のため」と「みんなのため」は一致せず対立するものと感じているかのようだ。

調査期間中に、大学の単位取得と就活へのプラス評価を期待して、被災地へボランティア活動に出かけた大学生の男の子がいた。「家の手伝いは一切しない子」と母親（51歳）は言うが、ボランティア先で初めて他人《ひと》のために無償で働き感謝される体験をして、とても感動したと帰宅後話してくれたそうだ。

しかし、ボランティア活動から疲れて帰った息子に両親がしてくれた様々な慰労や配慮については、普段通り「オヤジとお袋が好きでやっていること」と受け流し、「全く感謝の心がなかった」と母親は苦笑いする。

この大学生にとって、それは家族や身近な人との間にもある思いやりや助け合いの延長線上にあることではなく、「ボランティア」という別枠で行われる特別体験だったのかもしれない。

また、現代のお手伝いの目的が母親たちが言うように「自立教育」であるとしても、以下のような事実があることも見逃せない。

それは、料理なども「自分のやりたいように」「好きなように」させてもらったお手伝い体験よりも、やり方を細かく決められ、指示された通りにしなければならないアルバイト体験の方が、結果的に子どもたちの身に付き、将来の役にも立っているという事実である。

データでは、高校生以上で「料理」をする（料理ができる）子どもは圧倒的に男の子で、調理のアルバイト経験者であることが分かっている。女の子のアルバイトは飲食店でもフロアサービス中心で、男の子は厨房経験者が多いことと関係するようだ。

料理ができる男の子は決まって「親から教わった記憶はなく、バイト先（中華料理店、ファミレス、イタリアンレストラン、居酒屋等）で教わった」と言う。結婚後、家で料理をするお父さん方もその多くが「独身時代、バイト先の飲食店で教わった」という人であった。

家のお手伝いは「好きにさせてあげる」ものだから、親は子どもの気分を損ねないように「教えない」「口出ししない」、そして「見ていない」「一緒にやらない」。たとえ一緒にやっても「お手伝いのときに料理を教えたりはしたくない。親子で一緒に楽しめたらいいかな」（44歳）と言う人が多数派だ。自立トレーニングを語りながら、学びも伝承もほとんど期待できなくなっているのである。

さて、10年後も子どもが「手伝い」をしていると答えた家に、さらに少数ながら（自分のことだけでなく）家の仕事を手伝う子どもたちもいたが、そのほとんどが父親が日常的に家事をする家の子どもたちであったのも見逃せない。父親が子ども時代から（家業が忙しかったり、ひとり親であったり、親が病弱だったりして）日常的に家の手伝いをして育ち、結婚後も「黙っていても自ら（家のことを）する」人、そして「自分の子どもにも当然のこととしてさせる」人たちであった。理屈抜きで、ほかの人を思い、ほかの人のことをする（助け合う）暮らしがその家庭にはあるに違いない。

近年、「ヤングケアラー」の問題がしきりに語られるようになってきたが、彼らの対極にあって、家族も人も「助け合わなければ暮らしていけない」ことなど考えもせず、「自分のことさえすればいい」「自分はしてもらうのが当然」と思って育つ子どもたちの問題も、これからの社会や家庭の在り方を考える上で無視できなくなっているのではないかと思う。

第2部

やがて「破綻する夫婦」「孤立する祖父母」とその特徴

7

10年後、5組に1組の夫婦が破綻

10年後の再調査依頼に対して、「家族に食事の話なんか聞けない」と言って断る主婦はとても多かった。その理由の一つは子どもとのコミュニケーション悪化にあったが、もう一つの理由は夫婦関係の悪化（ないし破綻）であった。

10年後に会うことができた主婦からは、こんな発言も次々と出てきた。

「夫の食事？　私はもうあの人（夫）に構うのも嫌なんで、食事も用意しないし、顔も合わせないように暮らしていますから」（48歳）

「あの人（夫）は自分の部屋にこもって、自分で買ってきたものを一人で食べているので、食事してるところは、もう長いこと私は見ていないんです」（49歳）

「主人とはすっかり冷え切っているので、一緒に食事もしないし、口も利かないし、家庭内離婚の状態。家にいてもなるべく会わないようにして暮らしていますので」（41歳）

「夫のことは、大っ嫌い！……食事だけでなく、お互いに『一切、干渉無し』ということで、別行動の仮面夫婦で暮らしています」（44歳）

二度目の調査時に、主婦たちはその間に起きた家族の変化をいろいろ語ってくれたが、これらの発言はよくある夫婦喧嘩の話とは全く異なる。このような夫婦関係にあっては、確かに夫の食事を毎日記録することは難しそうだ。

10年の間にそんな無視できないほど深刻な夫婦関係の「悪化」（ないし破綻）があった夫婦は、対象（家庭の）夫婦89組中20組（約22％）、5組に1組強。20年後の3組を加えると4組に1組（約26％）に達した。

悪化した夫婦関係の実態は主婦へのインタビューと食卓記録のデータから大まかに分類すると次のようになる。（短期的なトラブルや不仲と考えられるもの、単に夫婦喧嘩が多いというような話は、主婦がいくら感情的に「もうイヤ！」などと話しても、慎重に除外してある）

- 再調査までの10年間に、正式に「離婚」をした夫婦（1組）
- 再調査までの10年間（ないし20年間）に「別居」をした夫婦（2組……そのうち1組は「離婚」協議中）
- 再調査までの10年間（ないし20年間）に「家庭内離婚（家庭内別居）」状態になった夫婦

（20組……そのうち1組は「離婚」を、もう1組は「別居」を具体的に検討中）

こうしてみると、潜在的な悪化ないし破綻夫婦は、離婚や別居に踏み切るなど顕在化したケースの6～7倍はある、ということになる。すでに「離婚」や「別居」に踏み切っていた夫婦は3組しかないが、それ以外の夫婦はかなり深刻な状態にあっても、「家庭内離婚（家庭内別居）」など、外側からは見えにくい破綻状態で暮らしているということでもある。

では、悪化ないし破綻した夫婦関係の原因を妻たちはどんなふうに語っていただろうか。直接原因として妻が語ったことを順不同に挙げると以下のようになる。

「夫の深酒、酒癖の悪さ」「妻の闘病時における夫の冷淡さや身勝手さ、妻の闘病時の家事への非協力」「夫の実家や親族の金銭トラブル」「夫の失業や転職など働き方・収入をめぐるトラブル」「夫のうつ病や引きこもりなど、精神的障害の発生」「家庭を顧みないほどの夫のゲーム狂い・アニメ狂い」等。

中には「東日本大震災」（2011年3月11日）の後、比較的強く放射能汚染された地域に住んでいた夫婦が、その避難方針をめぐって決裂し関係を修復できなくなったケースも1例あった。平穏時には気づくことのない夫婦の危機意識や安全管理方針の決定的違いを見てしまった、と妻（44歳）は言う。

いずれも妻の側から語られた理由とはいえ、近年社会でよく問題になっていることばかりで、決して他人事ではない。だが、ここには昭和の時代によく耳にした夫の「暴力」や「浮気」「賭け事」、そして「嫁姑争い」による夫婦関係の破綻が一例も見られなかったのも興味深い。

むしろ、従来語られていた理由とは一見似て非なるものが多いのが気にかかった。

例えば、近年メディアでよく取り上げられる「家事・育児に非協力な夫」の話も、そのこと自体が破綻の直接原因として語られることはほとんどなかった。むしろ夫に家事能力があるにもかかわらず、それが夫婦の協力に使われるのではなく、「君がしたくないならしなくていいよ。ぼくの分はぼくが自分で勝手にするから、構わないで」と互いの話し合いや関わりを断つ方向に働いたり、夫婦関係の悪化に拍車をかけたりするケースが目についた。自立的な家事能力を持つことが、一層夫婦関係を危うくし破綻に拍車をかけたケースも見られた。「貧困」と離婚の関係もよく語られるが、夫婦関係の破綻しやすさと所得や学歴、夫の社会的地位などとの関係も、この調査ではあまり認められなかった。逆に、離婚したり破綻したりした夫婦には、社会的・経済的には安定している大学教授や医師、公務員、大企業の管理職を務める夫が少なからず含まれていたのである。

そして、収入や地位が高いかどうかよりも、破綻夫婦に多かったのは鉄道員、消防署員、運送業、勤務医など「交代制」で不規則に働く夫や、海外や地方に「単身赴任」を繰り返す夫など、仕事上家族と生活時間や生活場所を異にして暮らす夫たちであったのも気にかかる。

経済優先の日本社会で増加した24時間の「多様な働き方」も、実は日本の家庭を壊す見逃せない要因となっているのではないだろうか（17「家族共食を蝕むブラック部活とブラック企業」参照）。20年後の３回目調査で「破綻」が明らかになった夫婦は３組あったが、その３組とも夫が交代制勤務の人であった。

この調査には、アンケートでもインタビューでも「夫婦関係の変化」について尋ねる項目はないから、これら深刻な夫婦関係の変化も、こちらから尋ねていないのに語られた話ばかり。本当は隠しておきたかったのかもしれないが、それを話さないと自宅の食卓事情を説明しきれなくなって、インタビューの途中から思い切って打ち明け始めた、と思われる。

もし、この調査にその質問項目があったら、夫婦関係の「悪化」や「破綻」を語る人の割合はもっと大きかったかもしれない。また再調査を断った人の中には、夫婦関係の破綻で辞退した人が大変多かったことを考えると、その裾野の広さは想像以上ではないかと思うのである。

そこで、現代の夫婦破綻の背景にどんな問題が隠されているのか、次に「破綻」を語った夫婦の日常生活とそこに至る経緯を10年前（20年前）のデータに遡って見ていくことにしたい。

8

破綻する夫婦と10年前の共通点

夫婦が不仲になった原因として語られる「理由」は様々であっても、日常の食卓に表れる夫婦の姿はよく似ている。喧嘩さえせず、互いを無き者のようにして関わらずに暮らす。その冷たさも、その無関心さゆえに成り立つ奇妙なバランスも、どの夫婦も共通している。だがそれ以上に、10年前（20年前）に遡ってデータを見ると、互いへの基本スタンスもなぜか多くの破綻夫婦は似ていた。

10年後に破綻していたある夫婦。

夫（41歳）は「毎日勝手に起きて、勝手に出勤して行く」ので、家で朝食を食べることはもうない。妻（41歳）も「何で私が、あの人に合わせて起きなきゃならないの？」と言い、食事も生活時間も互いに合わせることなく、それぞれ別のペースで暮らしている。

夫は、土日も「仕事だ」と出かけて行き夜遅くまで家に帰らないが、本当に３６５日、勤める会社（自動車販売）に行っているかは分からず、妻もそんなことには関心がない。

夕食は妻が「自分がその日食べたいと思う簡単なものだけ」作って子どもたちと食べる。夫は外で食べて帰るか、帰宅後冷蔵庫を開けてパスタやピザなどの残り物があると、それを自分でレンチンして食べることもある。

それについて、妻は「ウチはもうこうなってから各自の自由にしたんで、自分で作るなら作って、食べてくるなら食べてくれれば？ っていう感じです。おかげで私は自分の楽しみ、自分の時間、自分のペースで生活できるようになりました」とその解放感を語る。

こうなったきっかけは、夫の実家の借金問題だったと言う。その対応で彼女は夫に不信感を抱くようになり、以後口も利かない関係になった。インタビュー時も「私、いつ離婚しようかと考えているんです」と打ち明けたが、躊躇《ちゅうちょ》している理由は経済問題。彼女にはわずかなパート収入しかないため「せっかく夫からの自由を求めて離婚しても、お金がないと働く時間が増えて、今より自由になれるか分からないですから……」と逡巡《しゅんじゅん》している。

10年前の二人は、どうだったか。

データを見直すと、妻は「私は人に指示されるのが一番イヤ」「（料理も生活も）自分の好きなように自由勝手にやりたい人」と言い、夫にもまだ幼い子どもたち（1歳・5歳）にも「自分のことは自分でやって」「みんな勝手にやって」「子どもや家族に邪魔されたくない」と繰り返し語っていた。

そして家族が寝静まったあと、「唯一の私の世界」と彼女が言うブログやインターネットの世界に浸って「別の私」を楽しむことを生活の息抜きにしていた。

夫もまた自分ペースで、毎晩のように仕事や付き合いの飲み会を理由に帰宅が遅く、家で家族と食事をすることも少ない。たまの休日に家族とショッピングセンターに出かけても、自分の見たい洋服や趣味のグッズを探して、家族とは別行動をとる人だった。

夫婦とも、お互いに自分の自由やペースを邪魔されたくないタイプだったと言っても良いだろう。「各自の自由」を指向し実践していたのは、夫婦関係が「こうなってから」ではなく、昔からだった。

こんな夫婦もいた。

（電機）メーカーに勤める夫（49歳）は、忙しさを理由に外で食事して帰宅することが多い。食べずに帰宅した日は「自分の部屋のベッドの上で、酒を飲みながらコンビニで買ってきたものを一人で食べる」のが習慣。妻によると「アニメおたく」だそうで、家に居るときは土日もやはり自室のベッドの上で、録り溜めしておいたアニメを終日観て過ごす。妻（48歳）は「そんな人（夫）と関わりたくない」と、あえて夫が家にいる土日だけパートを始めたため、そこから二人は「スレ違い夫婦」になった。

成長した二人の子どもたち（15歳・19歳）も妻もそれぞれに外食が多いが、妻はたとえ3人分の料理をしても夫の分は作らない。「寝室も別だし、食事も別だし、あの人はあそこが自分の居場所だと思ってるんじゃないですか。ずっとあそこにいますよ」と「自室ベッド暮らし」の夫をまるで同居する他人のように語る。

それは、お互いに居心地の良くない暮らしのようにも見えるが、妻によれば「もしリビングに出てきて私の近くに座られたりするともっと嫌なので、あそこから出て来ない家庭内別居状態は私にとってはむしろラク」と言う。

おかげで妻は、夫に煩わされることなく自分の習い事や友達との食事会、娘とのショッピングや小旅行などを「自由」に楽しんでいる。

「家族揃って食事しようなんて、もう全然考えない」「みんな自分で、勝手に、好きにやってほしいと思っている」と、この妻もまた家族それぞれ勝手にする生活を歓迎している。

10年前はどうだったか。

家族揃った食事も何回かあり、子どもの誕生日には皆で外食にも出かけていた。夫の「アニメ好き」は全く話に出なかったが、妻はこの頃から「私はすごく友達が多くて、ロックアーティストのファンクラブ活動や、スポーツジム・習い事で一緒の友達との付き合いが忙しいから、料理にも家のことにもあまり時間をかけたくない」と話していた。

そのため、家族揃ったときや夫のいる食事は外食になりがちで、母子だけの普段の食事は市販の総菜やテイクアウトのファストフード、冷凍食品やコンビニ弁当などが非常に多く、確かに手をかけてはいなかった。

妻が料理をしなくなったのは夫がベッドの上で暮らすようになり、「私が土日のパートに出るようになってから」「子どもたちが中学生以上になって、自分の世界を持ち始めてから」と彼女は語ったが、実は子どもがまだ幼くてパートもしていなかった10年前からあまり変わっていない。夫婦とも家のことに無関心で、少なくとも妻は、外の世界の自由を優先する人だった。その場しのぎのように子どもに与える食事が多く、夫の食べるものはあったりなかったりするから、夫は当時から単身者のような〝自給自足〟の食事が多かった。

「子どもたちが中学生以上になって」変わったと言うのは、その頃夫婦ともにそれぞれの自由をハッキリ優先するようになり、互いへの関心も関わりも放棄した時期ではなかったかと思われる。

こんな家庭内離婚夫婦もいた。

「夫（48歳）の食事のことは、私は全く知らないんです。聞きたくもないので、記録はできません」と、この妻（48歳）も一度は調査モニターを断った人だ。

それ以上尋ねても「夫の食事は、義母がよくカップ麺やインスタント味噌汁を段ボールで送ってくれてるみたいだから、それを一人で食べてるのかもしれないですね。それとも、私が寝てからコソコソ部屋から出てきて、勝手に残り物でも漁って食べているんですかね」とまるで夫を居候かコソ泥のように話す。

この夫は数年前に脳梗塞で倒れ、その後うつ状態になってまだ社会復帰できずに家にいる。

だが、それらの病気をすべて「本人の飲酒や外食のせい」と考える妻は、その健康状態について「自己責任」と言って関心も同情も示さない。

現在、家族の食事は高校生の子どもたちも妻自身も「それぞれ自分の食べたいものを好きに食べている」と言うが、その中身は外食やコンビニで買った中食、レトルト・インスタントばかり。

記録を見ると、クリスマスの夜に近所に住むおばあちゃん（実母）を招いて子どもたちとパーティをしていたが、同じ家の中にいる夫は同席していない。理由を聞くと「子どもたちもパパのことは嫌っているので、部屋にいたけど声もかけなかった」とそっけない。

この日だけでなく、家族がいる時間帯に夫はほとんど自室から出てこない。まるで引きこもりのような生活を続けているのだが、なぜか生活費は毎月数十万のまとまった額を入れていると言う。そのお金の出どころについても、主婦は「さぁ、へそくりでもあるんですかねー、それとも財テクでもして儲けてるんですかねー」と、気にかける様子もない。

そして言う。「働かずにもう2年以上も家の中にいる夫のことを、なぜ私が心配しなければならないんですか？　私は、あの人に何か食べさせてやるのも癪に障るんですけど」。1日6時間週4日のパートをして「疲れている」私は、「ゴロゴロ家に居て働かない」夫に手厳しい。「私は、タレントのファンクラブ活動や洋服のショッピング、友達との飲み会にしょっちゅう自由に出かけたい人」なのである。

10年前はどうだったか。

夫は、自ら野菜ジュースやヨーグルト、サプリを毎朝欠かさない「健康オタク」だった。しかし、妻はそれに無関心。「私は料理経験がないまま独身生活を楽しんで結婚した人」で、そのため「卵焼きはぐちゃぐちゃになる」「魚は気持ち悪くて触れない」「揚げ物や煮物は無理」「ゴボウはうまく切れない」「豚汁は野菜を刻むのも面倒くさい」……だからしないと言ってはばからず、料理は最小限だった。

そして、外出して帰宅が午後3時を過ぎると「もう作るのは無理！」と言って、頻繁に外食・中食を繰り返していた。近所に住む義母や実母からの差し入れ、外食の誘いが毎日のようにあったため、彼女の用意する食事の粗末さを目立たなくしていたが、決して健康的な食生活とは言い難かった。

いま彼女が夫の食事を用意しないのは、不仲になったせいばかりではない。病気で無職になった夫が遠慮がちに「僕のこと（食事）は構わなくていいよ」と言ったのを機に、『あ、ラクだな！』と思って、以降一切構わなくなった」と本音も漏らしていた。よく聞くとそれは、高齢化した実母や義母からの食事支援がなくなった時期に重なっていた。

こんな偽装夫婦もいた。

「夫（53歳）とは趣味も、食べたいものも、考え方も違うので、夫婦別行動が基本です」と、インタビューで妻（44歳）は言い放った。親戚の結婚式や葬儀など夫婦揃って列席しなければならないときも、現地まで別々の交通機関で行き、バラバラに帰ってくる、自称「偽装夫婦」である。

それでも日曜日の夜だけは、「子どもの教育ために」家族一緒に食事する「取り決め」をしたので形だけ食卓を共にするが、夫婦は「必要事項以外、一切口を利かない」約束になっている。

「その一食以外、夫は家では食べません。もし家で食べるとしても、多分……」と主婦は一瞬口ごもり、「自分のベッドの上で、テレビを見ながら自分で買ってきたものを一人で食べたりお酒を飲んだり、……してるんだと思いますが」。その姿を彼女も見たことがない。

そして、言う。「夫と会話がないのはすごくラクです。これで夫の食事も作らなくていいんだなと思うから、私はラクだから、このまま偽装夫婦でいいです」。そんなことより、彼女は趣味のテニスやヨガ、在宅で始めた仕事で忙しいのである。

夫婦に亀裂が入ったのは、子どもの教育に対する考え方の相違からだそう。子どもを複数の塾に行かせることに反対した夫と口論になり、「じゃあ私が塾代を払って、私が勝手に行かせます」と、塾代相当分の仕事を始めた。以後、夫婦は口も利かず「それぞれの勝手」を通し合う「偽装夫婦」になったと説明する。

だが10年前を見ると、その頃もやはり二人は自分ペースで、生活の随所で「それぞれの勝手」を語っていた。夫は夕食を家で食べず、夜遅く帰宅して自室で一人酒を飲み直すのが習慣。妻は1週間の調査期間中、毎日欠かさず友達や実母と買い物や食事、遊びなどで外出していた。クリスマスや子どもの誕生日会も自宅では行わず、妻の実家に行って「夫抜き」で両親をスポンサーに夜遅くまで楽しむのが習慣だった。

家族イベントに夫が居ないことについて尋ねたとき「お互いそれでいいなら、それぞれの勝手で、無理に合わせなくてもいいと思う」と語っていたのも印象的だった。

これらは、10年後に「破綻」していた夫婦20組のごく一部である。しかも、この食卓の調査から垣間見えるのは、日常のほんの一端に過ぎない。だが、破綻に至った直接的な原因は「実家の借金問題」や「夫の病気」「子どもの教育問題」など一見多様であるにもかかわらず、10年前のデータを見るとどの夫婦もとても似ていることに気づく。

妻も夫も元々「自分の自由」「自分の勝手」「自分のペース」を大事にし、あるいはそのように行動していた人たちである。決して、仲が悪くなったことにより「夫婦バラバラ」の行動になった人たちではない。

「結婚生活」に欠かせない「自分以外の人に合わせること」や「自分以外の人のために何かすること」を良しとせず、むしろストレスを感じてしまう人たちだったと言っても良いだろう。

だから、何かを機にヒビが入ってしまうと、妻たちは「これでラクになった」「これで解放された」と感じたり、「このままでいい」「戻りたくない」と言ったりする。夫たちもそれを機に家族を顧みず自室に引きこもって自分の好きなことだけしたり、休日も一人で出かけたり、夜遅くまで帰らなかったりするのだろう。

今日の家庭内離婚や離婚の背景には、実はこのような自分ペースで自由に暮らしたい人々の増加が無視できないのではないだろうか。

だから、そんな「自分の自由」を指向する離婚を引き留める最も大きな理由は、かつてのように「子ども」の存在ではなく、多くの妻が「お金（経済力）」だと語ったのであろう。（自らの収入が充分ではない）妻たちは、夫の年収が１０００万円以上だと離婚を「我慢する」と言う。「あの人とは旅行にも食事にも行きたくないけど、離婚はしません」、そう語った妻（50歳）も夫の年収は１２００万円以上だった。結婚によって制約されていた外食や飲み会、ショッピング、趣味活動、旅行などの「自由」を離婚後に謳歌しようとしたら、やっぱり「お金」が必要だからだ。

ここでも「お金」と個の「自由」は深く絡み合って、時に夫婦の離婚を押しとどめ、時に見限りの後押しをしている（4「自由とお金と無干渉」参照）。それは「貧困」による家庭破綻とはまた別の問題である。

9

子ども夫婦の破綻を招く「実家の支援」

10年後・20年後に破綻した夫婦（23組）にみられる特徴の一つに、日常的な「実家からの支援」もある。破綻した夫婦は、その65％（23組中15組）が初回の調査時点から夫婦のいずれか（あるいは両方）の実家（注）から家事・育児支援や経済的援助を日常的に受けて暮らす夫婦だった。

支援してくれる親と同居していたのは23組中4組、他は徒歩圏内か電車や車で1〜2時間以内に支援してくれる実家があった。破綻しなかった夫婦で同様の支援を受けていた家は35％（66組中23組）だから、そこには2倍近い差が見られる。

通常「実家からの支援」を受けられる夫婦の方が日常生活は円滑で破綻しにくいように考えられるが、実は逆だ。支援してくれる実家がある夫婦の方が破綻しやすいのは、いったいなぜだろうか。

幾例かの夫婦の10年の変化から見てみたい。

独身時代は母親の手伝いを全くしなかったと話すある主婦（50歳）。結婚するまで、家では一度も料理したことがないというお嬢様だ。しかし新居を実家のすぐ近くに構えたので、心配する実母が頻繁に料理を運んでくれるし、子どものひな祭りや誕生日、クリスマスや正月なども全部実家でやってくれるから、結婚後も彼女は全く困らなかった。

1回目の調査は結婚10年目くらいであったが、40歳になった主婦は相変わらず毎日のように「料理を実家にもらいに走る」生活。データを見ると、朝のパンやインスタントコーヒーの買い忘れ、昼食用の肉まんや間食用の菓子類、夕食のすき焼き、肉じゃが、マーボー豆腐などの料理……。料理だけでなく、育児も家事も実家の母親の助けによって成立していた。

しかし10年後、80歳になった実母は体調を崩して特別養護老人ホームに入所していた。

そこで主婦は言う。「私は料理とか一切好きじゃないんで、自分で作ってまでは食べたいと思わない人なんです。私は人が作ってくれたものを食べるのが好きな人なんです」。だから実母の代わりに料理をすることなど「とてもできないこと」として拒否してしまった。

子どもたちは高校生以上になっていたが、祖母の支援をなくしてから「ウチの食事は『個人制』にしたので、夫も子どもたちも、それぞれ自分で自分用の食べ物を買ってきて、好きなものを食べるスタイルにしました。だから、人が買ってきたものは冷蔵庫にあっても無断で食べてはいけない『許可制』です」と彼女は家の食事のルールを説明する。

その結果「家族の共食」はなくなり、小さなこたつ様の座卓で一人ずつバラバラに食事をするようになった。夫は家で食事することさえほとんどなくなり、夫婦は会話もなくなってしまったそうだ。

別の家も少し似ている。夫（38歳）の実家も妻（37歳）の実家も徒歩や自転車で行ける至近距離にあり、子どもの習い事の送迎も、子どもを病院に連れて行くのも、妻の実父の仕事。食事は実母が毎日のように作って運んできてくれるし、子どもを頻繁に預かってそのまま泊まらせてくれる。夫は職場のすぐ近くにある自分の実家で昼食も夕食も済ませて帰るから、夫婦も子どもも双方の実家を中心に生活していると言っても過言ではなかった。妻は「おかげで自分の時間がたっぷりある」と外の楽しみを謳歌していた。

だが10年後に会うと、彼女の両親は亡くなり、義父母は病気で入院したり事故で身体が不自由になったりしていた。夫婦はいずれの実家からも支援を受けられなくなっていたのである。とはいえ、長年それをあてにしてやってきた二人にそれを賄う力はなかったようだ。

行き詰った妻は「それで、なぜ私が家事をしなければならないの？　私だってお仕事（週1～2日の不定期アルバイト）をしてるから、もう今までのように家事はしません。夕飯も作りません」とある日家族に宣言する。ちょうど自営の仕事が多忙化していた夫は、元々料理もできない人なのに自分の両親の介護もしなければならず、家事をする余裕はない。そうして、この夫婦の関係は「修復不能になってしまった」のである。

また別の家。単身赴任をする夫（39歳）の赴任先に妻（32歳）は付いて行かず、近所の自分の実家に助けられて子どもを育ててきた。

初回の調査では、夫が帰宅したのは週末の二日だけ。妻は、週の半分は実母が家事をしに通って来てくれるし、他の日も、実家に行ったり、実家の親と仲良く外食や買い物をして暮らしていた。「私は、ストレス発散のための雑貨や洋服のショッピングが楽しみで、無理すると疲れちゃう方だから、家事や料理は母に任せてほとんどしないんです」と冗談半分・本気半分で笑っていた。

10年後に会ったときも、相変わらず実母が家事をしに通ってきていたが、単身赴任中の夫は週末さえ帰宅しなくなっていた。夫の単身赴任先を訪ねたり、自炊用の道具や生活用品を送ったりするのも夫の実家の役目。妻は夫のアパートになど「わざわざ行かない」。それぞれの実家を頼りにし、実家に助けられて暮らしてきた夫婦は、いつの間にか互いの存在自体が希薄になり、とても疎遠な関係になっていた。

両方の実家からの支援は有難いし、欠かせない時期もあっただろう。だが、それをあてにしてずっと暮らしてきた夫婦は、互いに助け合うことも案じ合うことも忘れてしまったようだ。インタビューの席上、妻はしみじみとこう呟いた。

「夫とは長い間一緒に暮らしていないから、もう心もすっかり離れてしまって、喧嘩もしない。夫も自分の仕事のことしか考えていないし、私もこちらのことでいっぱいいだし」。そして「私と夫とはもう一緒には暮らしてはいけないと思うので、夫が定年退職後にここに戻ってきたらどうしようか、（離婚を考えているので）その日がくるのが今からとても恐ろしい」と。

別の夫婦。夫（45歳）は残業も多く交代制で不規則な働き方をしていた。生活時間も家族とはすれ違い、食事も職場で済ませることが多く家族と食べることは滅多にない。そのためこの家には、結婚当初からダイニングテーブルがなかった。

夫が休日も不在がちのため、妻（43歳）は「子どもたちと家の中にいること自体が苦痛」と言って、週5日は子ども連れで実家に出かけ、昼間は子どもたちを実家に預けて、自分は外出を楽しんでいた。休日も自宅ではほとんど食事を作らず実家で食べさせてもらっていたのである。

10年後に会うと、夫婦はすでに4年前から別居状態にあった。理由は「夜勤明けの日は、昼間も家に夫が居るので、私が自由に出かけられない感じが、うっとうしかった」「眠れないからと言って、帰宅後に夫が昼間からお酒を飲んだりしているのを見るのもイヤだった」と話す。

「夫を追い出した」後も実家の親が家に食事を運んでくれるため、彼女は相変わらず料理らしいことをしない。毎日のように出かける癖も10年前と変わらなかったが、週3日だけパートを始めていた。聞けば、フルタイムへの打診もあったが「正社員として働くのは『私の時間』が無くなって大変になるから、そこまではしたくないかな」と思い、断ったそうだ。

そして、母子の生活費も子どもたち（中学生・高校生）の学費も、別居する夫と実家の両方から受け取って暮らしていた。そんな生活に今のところ不足はなく「このまま離婚をペンディングして平行線のままが私としては一番ラクでいいかな」と語る。仕事や外出予定のない日は「ストレス発散」と称して昼間から一人で好きなお酒を楽しむことを別居後の習慣としていたが、そのために箱買いしている酒代もやはり「実家持ち」であった。

実家の親の支援がありながら破綻した夫婦からは、このように似たような話がいくつも聞かれた。だが、夫婦関係に「実家の親」が口を出したり介入したりするために起きた破綻は、見られなかった。

親からの支援の中身には、子どもの習い事や塾の送迎、子どもの預かり、教育費の支援、そして日用品の買い物や毎月の生活費の支援などもあったが、一番多いのは、日常の食事支援だ。手作り料理を差し入れてくれたり、自宅に呼んで食事させてくれたり、外食に誘って御馳走してくれたりする。材料持参で定期的に娘の家に通ってきては冷蔵庫をおかずでいっぱいにして帰っていく実母も複数見られた。

そんな支援を受けている人（主婦）は、小さな子どもがいても、まるで独身者のように「自分の時間」を享受し外出を楽しんでいることが多い。実家の親も孫と一緒に出かけたり遊んだりするのは楽しく、料理にも張り合いが出るから、両者は誰にも迷惑をかけずウィンウィンの関係である。子どもが成長したり親自身が体調を崩したりするまで、その関係は続けられることになる。

夫もまた、担わなければならない家庭の雑事や家事から解放され、独身者のような自由を享受している場合が多い。飲んで遅く帰ってもいいし、土日に一人だけ出かけても妻に嫌な顔をされない。子どもの学校行事や遊び、病院に同行しなくていいし、受験や反抗期などの対応もあまりしなくて済む。

調査票に表れる夫たちもまた、妻の言を借りると、「夫は自分のことしかしないマイペース」「夫は自分のことしか考えていない自分中心」の生活を通せるから、夫婦とも「支援してくれる実家」が近くにあることを歓迎するのは当然かもしれない。

だがその一方で、二人で話し合ったり協力したりする機会がないまま年月がたち、やがて夫婦の信頼関係さえ希薄化させてしまうようだ。

このように、自由を謳歌していた夫婦が実家からの支援を失った時ほど危ういことはないとしたら、良かれと思って支援してきた親たちにとっては何と皮肉なことだろうか。

（注）本調査では、支援してくれる実家のほとんどが妻の実家で、夫の実家からだけ支援を受けていたケースは２例しかなかった。

10

ダイニングテーブルに表れる家族の変化
――「独りベッド飯」の夫たち

ダイニングテーブル（食事用テーブル）や食卓の椅子は、各家庭によっていろいろな表情を見せてくれる。この調査では、1週間21食卓すべての食卓写真を撮影してもらっているが、それがちょっと広角に写るレンズ付きフィルム（「写ルンです」）指定であるため、卓上の「食べ物」だけでなくその周りまで写しこんでしまう。

これはその食卓や椅子から見えて来た家族の話である。

同じ家庭でも10年経つとこんな変化が見られる。

「ウチはテレビに向かって一列に座る形で、本当はバラバラに散らばって別々に食べたい家族だから、みんな揃っても向かい合って座ったりしません。夫の席は全くテレビが見えなくて、動きにくい奥の狭い席です。夫は外で食べてきたり不在だったりして、家では一緒に食べないのでそうなりました」と主婦（44歳）は言う。10年前には4人掛けの向かい合うテーブルがあったが、そこで家族揃って食べる食事が一度も見られなかった家である。

別の家では、「夫の椅子は、次女が小さい頃（初回調査時）に使っていた簡易型の丸椅子です。夫はほとんど家族と食べることもないし、変な時間に帰って自分で買って帰ってきたものを食べたり、冷蔵庫を漁って食べたり、勝手に食べてるんで、それでいいんです」と主婦（54歳）が言う。

５人家族なのに椅子が４脚しかない家では「赤ん坊だった一番下の子が一緒に食べられるようになっても椅子は増やさなかったんで。だって夫はほとんどいないから。もし一緒に食べなきゃいけないときがあったら……そのときは、夫だけ別の座卓に座らせますかね？」と主婦（47歳）は首を傾げながら言う。

夫の席を尋ねる質問に、「えっ、『夫が来たとき』は……」と予期せぬ来客について語るように絶句した後、「そのときは、予備の丸椅子を出すかな？」と答えた主婦（43歳）や、同様に夫の椅子がなくなった家で「そんなときは、誰かが食べ終わるまで、（夫を）横で待たせます」とためらいもなく答えた人（44歳）もいる。

こんなふうに、食卓の椅子が人数分無い（大抵は夫の椅子が無い）とか、夫の椅子だけが折り畳み式の補助椅子や簡易型の丸椅子だったりする家では、たいてい夫婦の関係が危うい。夫の席がテレビの見えない場所だったり、暖房や冷房が届かない席だったり、テーブルの角や隅など普段は使わない末席になったりしている場合も同様。すでに夫の存在が希薄になっているることを表しているからだ。

そして、家族が向かい合わずに一列に並んで（多くはテレビに向かって）食べる形の細長いテーブルや、一人ずつ入れ替わりで食べる小さな座卓を家の「食卓」にしている場合も、（近年明らかに増加しているが）家族の関係があまり芳しくないことが多い。

これらは少なからず重複して現れるから、実際には「夫の椅子は折り畳み式の簡易椅子だけど、稀に一緒に食べるときには、それをテレビの見えない隅のところに出す。普段はみんなテレビの前の座卓でバラバラに食べている」などということにもなる。

10年後も夫婦の関係が良好だった家庭では、このようなイレギュラーな食卓や椅子のスタイルが2割程度しか見られなかったのに対し、破綻していた夫婦の家庭では実に7割強。残る3割弱も「夫は家では食べることがない」「どこでいつ食べているか知らない」などの理由で、実際には座る椅子やテーブルが「決まっていない」か「不明」だ。

調査から見る限り、夫婦仲が悪化すると家庭の食卓や椅子が通常の形ではなくなっていくことは否めないようだ。特に、残業が多い夫や交代制勤務の夫、単身赴任の夫にその確率が高い。

だが、最も寂しく異様にも見えるのは、10年後に自室のベッド上で独り食べするようになった夫たちの姿だ（8「破綻する夫婦と10年前の共通点」参照）。家族のいる居間やダイニングルームに出てきて食べることもなく、自分の部屋のベッド上で自分用のテレビやパソコンに向かって独りで食事する夫たち。食べているものも、自分でコンビニなどで買ってきたものがほとんどで、家族の残り物を食べていることとさえ少ない。私はそれを「独りベッド飯の夫」と呼んでいるが、そんな夫がこの調査では４人いた。破綻夫婦の２割、（すでに別居・離婚したケースを除くと）調査家庭の21軒に１人はいたと考えると、決して少ない数とは思えない。

もちろん、食卓のテーブルや椅子に表れる変化は、夫婦関係だけではない。

多くの場合、ダイニングテーブルが物置台や作業台のようになって、家族はその一角に入れ替わりで一人ずつ食事をするようになったり、一人用の（あるいは小型の）座卓をテレビ前に出して、そこに一人ずつ交代で座ってテレビに向かいながら食べるようになったりすると、たいていその家族の関係が変化し始めたことを表している。家族がたまに揃うと「早い者勝ち」や「じゃんけん」で限られた席を奪い合う独り食べ前提の食卓や、あぶれる人が出る食卓の家さえ何軒も見られる。一人ひとり全部違う「自分用」椅子に座り、他の人とは椅子さえ共用しなくなっていた家もあった。

そんな食卓スタイルになると、主婦は決まって同じことを言う。「子どもも夫も、もう食事はそれぞれ勝手にやってほしいし、私も勝手にしたい」と。それは、家族が押しとどめようもなくバラバラに「個人化」してきたことを表しているのだろう。

ましてやダイニングテーブルが消えるとき、それは引っ越しなどによる住宅事情の変化だけを表しているのではない。その家から「家族が揃う」ことへの意思も願望も消えたことを表している場合が多い。

中には、家族の誰か一人だけがテーブルや椅子さえ与えられていない例もいくつかあったので、取り上げておきたい。

祖母が亡くなり子ども家族と祖父が同居することになった家庭。この祖父の食事は家族と同じ食卓ではなく、一人だけ脚立（踏み台）の小さな天板部分がテーブルの代わりだった。居間の長椅子の前に脚立を引き寄せて、その上に載せたものを食べる老人の姿（写真データ）に驚いて理由を尋ねたが、「おじいちゃんは、そこでいいと言うので」と、主婦（43歳）は気に掛ける様子もない。

家族と食事をしたがらなくなった「反抗的な」（と母親が言う）男の子（15歳）の椅子も奇妙だった。彼の椅子だけは、以前ドッグフードが入っていたドラム缶だったのである。「ウチは椅子が人数分ないんだけど、息子は滅多に家で食べないし、食べても私たちと一緒に食べないから困らないんで、新たに椅子を買い足すつもりはない」と母親（38歳）は話す。自分の椅子だけドラム缶になった男の子は今後も家に帰って家族と食事を共にするようになるだろうか。

このように、食卓のテーブルや椅子は、当人たちの意を超えて家族関係の変化やその本音を露骨に物語ってしまう。だが、それが本当に怖いのは、一度テーブルや椅子などハード面の変化となって顕在化すると、そこに表れた家族の関係や変化も戻り難いものとして規定され、さらに拍車をかけてしまうことである。

その意味で、個々の「自由」をとりわけ指向する家庭の中には、結婚当初から「ダイニングテーブルはない」家もすでに複数出現していることは、これからの家族を考える上で見逃せないだろう。

11

独居老人より怖い「同居老人」の孤立と孤独

「核家族化」が問題視され始めたのは1960年代半ばであったろうか。以降、祖父母との同居家庭が減少することによる世代間の伝承や協力がなくなってきたことを問題視する声もある。

とは言え、今も二世帯同居家庭がなくなったわけではない。この調査の対象家庭でも89家庭中18家庭、約2割が同居家庭であった（注）。内訳は、妻の親（以下、実父母）との同居が7軒、夫の親（以下、義父母）との同居が11軒と、約6割が夫の親との同居であった。

さて、調査に表れた二世帯同居家庭の実態とはいかなるものか。少なくとも「同居」であれば世代間の伝承や協力があるだろうと軽々しく語れるような状態にはない、ということを先に言っておかなければならない。その実態をいくつかの事例から見ていきたい。

妻（41歳）の実家の敷地に家を建て、そこで夫の親（以下、義父母）と同居するちょっと

同居家庭の軒数

1回目の調査時点では同居。以後（10年後、20年後）は同居していなかった家	2
1回目の調査時点では同居していなかったが、その後（10年後、20年後）には同居していた家	4
1回目調査、2回目調査とも、同居していた家	12

※その他に、同敷地内に家を建てて住んでいる家が2軒あった

複雑な同居家庭があった。実はこの家、初回調査時のアンケートでは家族欄に同居している義父母の記入がなく、その食事も全く記録されていなかった。

主婦は「同じ敷地に住む実家の両親と一緒に食事することが多いんです」と話していたが、データを見るとまさに実家の母親の料理に毎日依存する生活。しかし、そのインタビュー途中で「同居する義父母とは食事の関わりも一切ないし、子どもも隣の実家にはよく預かってもらうけど、同居していても義父母には預けないくらい関わりがないんで……」とその無関係ぶりを語ったことから、逆に義父母と同居していたことが判明した。

10年後に会うと、「数年前に義母が病気したため、私にはとても面倒はみれないから義妹の家に預けて、義父にも出て行ってもらったんです」と主婦はこともなげに言う。そして、奇妙なことに「同居している間は、最初からずーっと、私が義父母の食事を毎日作って面倒をみていたので、すごく大変だったんです」と語ったのである。

そんな日ももちろんあったのかもしれないが、少なくとも10年前

の調査時点では家族欄に義父母の記入もなく、「食事の関わりも一切ない」と無関係さを強調していたのだが。過去の記憶はすっかり変わっていた。10年後のデータでも、やはり敷地内に住む実母に料理を運んでもらったり実家に食べに行ったりして、実家に依存する食生活はほとんど変わりがなかった。

「出て行ってもらった」義父とは、その後どんな関係にあるのか、尋ねても「もう行き来もしなくなったので……義父のことは私もよく知らないし」と言葉を濁す。「最初からずーっと」「毎日」「面倒をみていた」のが本当なら、その義父を「よく知らない」と言い、その後音信がないのも誠に奇妙な話ではある。


同様に、妻の実家の土地に新築した二世帯住宅で、実父と暮らす家族がいた。

主婦（44歳）は10年前のインタビュー時に「我が家は笑いの絶えない家族なんです」と嬉しそうに話していた。確かに、調査5日目の夕食は子どもの誕生日会だったが、家族はテイクアウトの寿司などを並べてパーティを楽しみ、その様子が日記や写真にも記録されていた。だが、そこで初めて「おじいちゃん用には、別に一人前の桶をとった」という発言が出て、同居する実父の存在が判明する。この家も同居家族欄におじいちゃんの記載はなかったのである。

尋ねると「だって、私たち家族とは食事も別々で、普段何も関係もないですから」と、日常的な関わりがないことを強調する。家族が誕生日パーティを楽しんでいた間、おじいちゃんはどうしていたのか。聞いても「多分、自分の部屋で小さな座卓に座って、テレビを見ながら独りで食べていたと思いますけど」と彼女は関心がなさそうだった。

「だって、実父とは食べる時間も、食べたいものも違うし、あの人は椅子より畳に座って食べたい人だから、私たちとは一緒じゃなくていいんです」と言うから、彼女が言う「笑いが絶えない家族」の輪の中に、同居する実父は最初から入っていなかったようだ。

10年後、おじいちゃんは85歳になっていた。

そして、相変わらず娘家族とは別食だった。毎日自分でコンビニに行き、ざるそばやお握り、照り焼きチキンや魚のフライなどのパックを買ってきて一人自室で食べる単身者のような暮らしである。

それ以上おじいちゃんの様子を尋ねても、主婦（娘）は「いいんです、あの人は買い物が好きだし、コンビニまで歩けば運動にもなるし、おじいちゃんの友達も今はみんなそうだと言うし」と質問を撥ねつけるように答えた。

インタビューの最後に、別の話の流れで「父は血圧も高くて、ずっと病院通いしているんで」と漏らしたので、食生活との関係について尋ねてみたが「別に私は心配していない」とあっさり答えた。毎週５日、趣味の会やゴルフで忙しく出かける主婦は、同じ家に住みながら自分の部屋で〝自給自足〟している実父の食や健康にほとんど関心を持っていないようだった。

次の家も、初回調査・10年後の調査ともに同居家族欄にも食卓の記録にも、同居祖父母の記述はなかった。

初回調査の5日目（日曜）夕食に「カレイの煮つけ・ほうれん草のお浸し」など今どきの若い主婦（30歳）にしては珍しい古風なメニューばかり出てきたので、本人が作ったのか尋ねると「義母と同居してから、週末の料理は義母が作る決まりなんで」と、そこで初めて同居する義父母の存在が明らかになった。

その料理について「義母は、こんなふうにウチの家族が好まない野菜料理や魚料理を出すので、子どもたちに評判が悪いんですよね」と顔をしかめたが、週のほかの日は義父母と別食のため、二人の食事記録もない。

10年後、義父母はどちらも80歳近くになっていたが、食事や日常生活の関わりは、かつて見られた週末の共食も含めて一切なくなっていた。

理由を尋ねると、「おじいちゃんが足を悪くして車椅子になったんだけど、車椅子はダイニングテーブルに入らないじゃないですか」と言う。それからは義父母と同じテーブルで食べなくなっただけでなく、週末に義母が料理を作ることもなくなっていた。

そして、「何か頼まれたら、たまーに買って来てあげることはあるけど、車椅子でも何でもできると思うから〝依存されないように〟サポートは一切しない」と互いの自律的関係を強調する。

だが、義父母との10年前の食生活について話が及ぶと「同居後はずっと、一日三食、毎日、すべて私が作って、義父母と一緒に食べていたんです」と発言した。10年前の調査時に「あの人たちには合わせられないから、日曜の夕食以外はすべて別々」と発言し、まさにそう記録されていたのと、どちらが本当だろうか。まるで違う家の話のようだ。

大学生になった20歳過ぎの子どもたちは、足が不自由なおじいちゃんがコンビニに食べる物を買いに行ってくれと頼むたびに「お小遣い」を要求し、建設会社で働く夫（55歳）も未だにおじいちゃんから毎月数万円の「お小遣い」をもらっていた。だが、妻は「私は、どっちも知らないことにしてるんです」と笑いながら首をすくめる。「車椅子でも何でもできると思うから、依存されないようにサポートは一切しない」と互いの自律性を強調した発言とのコントラストが妙に耳に残った。

初回の調査では、近所に住む「料理上手で、きちんとしたお義母《かあ》さん」に「お出汁の取り方から教わって、すっかり料理にハマっているんです。料理は私の天職かも」と語っていた主婦（40歳）もいた。

10年後には84歳になったその義母と同居するようになっていたが、発言はすっかり変わっていた。「あの人（義母）は料理がとても下手な人で」と言い、「だから、私は自分の自由にやりたくて、同居の初めから食生活は別々なんです」と話す。

それどころか「夜8時に寝るような人（義母）とは生活時間帯も違うから、『お互い、没交渉にしましょ』と取り決めました」と、同居した時からその取り決めに従って関わりを持たずに暮らしてきたことを強調する。データを見ると、同じ家の中に暮らしながら家族が揃うクリスマスや大晦日、正月の食卓からさえ義母は一人だけ外されていた。

10年の間にいったい何があったのだろうか。「料理上手」な義母に習って「料理にハマっていい」た前回の調査データとは違い、彼女の料理は冷凍食品やレトルト食品、ファストフードを多用し、「お出汁」をとることも全くしなくなっていた。

そして、「義母は、ウチの娘たちに、『お母さんのお手伝いをしなさい』とか余計なことばかり言うから、娘たちが家にいたがらなくなった」と娘たちの深夜帰宅も義母のせいだと不満を漏らす。

義母の話をしているうちに、しまいにはインタビューの席上で「（義母は）食事なんか、自分で作れってんだ！　買い物だって自分で行かせて、私は絶対買ってきてなんかやらないんだ！」と感情露《あら》わに言葉を荒らげた。

この義母は毎日血圧を測って気にしている人だというので、血圧が高いのか、どんな生活なのか尋ねても「さあ、私は関心がないので知りませんね」とそっけない。ちなみに、彼女の仕事は高齢者のための「健康アドバイザー」だから、決してその健康状態に無知でも無関心でもないはずだ。

結婚当初から義母が建てた家に同居している家族もあった。

この家の主婦（37歳）は結婚後も子どもができるまでは外で働いていたので、初回調査時には「料理も仕事から帰った後、気が向くと一品作り足すのが精いっぱい」と言い、「その習慣から子どもが生まれて仕事を辞めたあとも、特に夕食は義母が中心になって作っている」義母依存の食生活だった。

10年後、78歳になった義母は身体を壊して自分の食事さえ作れない状態になっていたが、この家族とは共食も協力も一切なくなっていた。

「義母は食事を作るのが面倒くさいらしくて、コンビニやスーパーで買ったものばかり食べているみたい」と他人事のように主婦は話す。書いてあったりなかったりする義母の食事記録を見ると、カップ麺や卵かけご飯、市販のパン、コンビニで買ってきた弁当や出来合いのパスタなどを一人別の場所で食べている。

仕事を辞めた主婦は趣味の活動で毎日外出続き。義母の食事について何度尋ねても「それは、私はノータッチにさしてもらっているんでー」とことさら割り切った姿勢を示す。10年の間に食卓の椅子も５人家族に４脚となり、家族の食事作りを担っていた義母の椅子（席）

は消えていた。

こんなふうに、10年後には同居しながら子ども家族とは全く別に、まるで「独居老人」のように暮らしている「同居老人」（祖父母）の存在が、全同居家庭の65％に見られた。夫方の親か、妻側の親かは、この調査では明確には語れないが、必ずしも「夫方の親（義父母）に多い」とも言い難い。

同居する家庭の7割が事前アンケートの「家族」記入欄に同居する親を記入していなかったことも実に興味深い（回答者は主婦）。他県で一人暮らしをする子どもや、結婚して独立した子どもさえ「別居家族」として記入してくる人が少なくないことを考えると、同居する祖父母を家族欄に記入しないケースの多さは、その家族意識を言外に物語っているように思う。

同じ一戸建ての住宅（マンションなどの集合住宅ではない）に親と同居しながら、アンケートの「二世帯同居」に○をつけず、あえて「二世帯集合住宅に二世帯別居」と特記してきた人（42歳）さえいた。インタビュー時に確かめると、それは「二世帯が一戸建ての家に『集合して』住んではいるが、それは同居ではなく『別居』である」の意味だと分かった。ちなみに、その記入をしてくれた主婦は高齢者介護施設で仕事をする人だったから高齢者との「同居」と「別居」の違いを知らないわけはない。しかし、彼女のように「同居」はしていても、心は別居しているつもりの「核家族」感覚の人が実は増えているように思う。

このように、同居しながらまるで一人暮らしのようになっていた65％の祖父母たちと、子ども家族との関係が維持されていた35％の祖父母たち。いったい、そこにはどんな違いがあるのだろうか。データを精査してみると、そこに明確な違いがいくつか認められた。

まず、重要なのは「祖父母の健康状態の良し悪し」と「子ども家族への貢献度の大小」である。少々残酷だが、老いて身体を壊すなどして自立生活が困難になった（子どもたちに面倒をかけるようになった）高齢者は、まるで厄介者のように共存を拒否される傾向がある。また、子ども家族のライフステージが変わって祖父母からの家事・育児支援が要らなくなったり、祖父母自身の事情でそれができなくなったりしたケースでも、祖父母は子ども家族から疎遠にされ孤立しがちになっている。

また、親の持ち家を増改築したり、その敷地に新築したりして「二世帯住宅」に暮らすケースは多く、中には親から経済的支援を受けて生活している子ども家族さえ（申告されただけでも）いくつか見られたが、そのようなことが必ずしも同居祖父母の孤立を防ぐ方向には働いていないこともわかった。

一般的には、「年を取って具合が悪くなったら子どもたちが助けてくれる、子ども家族と一緒に暮らすと寂しくない」と考えて同居を望む高齢者が少なくないと思われるが、少なくともこの調査から見る限り、そうなったら逆に「没交渉」「ノータッチ」にされる可能性が高い、と言わざるを得ないようだ。

それにしても、一つ屋根の下に暮らしながら家族団欒《だんらん》の輪から外され、家族の誕生日やクリスマス、正月にも同じ食卓につくことができない高齢者は、独居老人が「独り」であるよりも、もっと寂しく孤独ではないだろうか。

第一、そこ（子ども家族と同居する高齢者のもと）には福祉などの社会的支援も届きにくく、コンビニをはじめとする外部サービスがかろうじてその日常を支えていることにも、周囲は気づきにくい。

こんな事実を語ると、「悲観的過ぎる」とか「女は酷いなあ」と言う人がいるかもしれない。だが、決してそうとは言えない。そこに曖昧に同調したり便乗したり、あるいは一番の当事者であるにもかかわらず妻に押し付けて目をつむり、頬被りさえしている男たちの姿が、妻たちの発言の随所に見え隠れしていたことも忘れられない。

（注）本書では、文章で説明するよりも図表で示した方がわかりやすいと思える事柄について図表にしている場合がある。しかし、これらの図表はいわゆる定量集計の結果をまとめた図表とは異なるので、取扱いに注意されたい。

12

祖父母世代は、まるで異星人

義父母・実父母と良好な同居関係が続いている35％の家庭も見ておかなければなるまい。そこに共通する特徴は以下の通りだった。

先述のように、まず健康で自立生活ができる人たちであること。さらに、家にこもりがちの内向的な人より、外出好きで外の生活を楽しむ人たちであること。そして、子ども世帯の家事を積極的に担い食事作りなども行うが、子ども世帯の食事や家事のやり方などには決して口を出さない人たちであること。同様に、子どもや孫たちに生活費や小遣いを渡したり、その世話をしてあげたりしても、意見はしない人たちであること。

また、子ども家族との生活時間（起床や就寝、食事など）、生活習慣の違いについて自分たちのやり方を主張せず、子ども家族に合わせるか、無関与で暮らせる人たちであること。

一方、子ども家族側の特徴を見ると、なぜか同居している片方の親だけでなく、別居したり施設に入ったりしているもう一方の配偶者の親の面倒もみているケースが目立つ。老いた親に対する考え方が近い夫婦なのかもしれない。しかし、よく語られるような祖父母同居家庭で育った人か核家族で育った人かによる明確な違いは見出せなかった。

また、専業主婦よりも外で働いている人が多かったのも、共通する。働いていて忙しいのに高齢者との同居も引き受けているのかと思うが、彼女たちの方が健在で働ける祖父母の助けを歓迎する向きがあるようだ。その意味では、やがて祖父母たちが健康を害するなどして子ども家族を助けられなくなり、子ども家族からの助けを必要とするようになると、先の65％の家と同じような状況に移行しないとも限らない。

さて、円満に二世帯同居する家族のデータをよくみると、円満であるにもかかわらず、とても気にかかることがある。同居しているのが実の親であっても義理の親であっても、子どもたち家族との間には、生活習慣やものの考え方などに無視できない大きな違いがあって、(諍《いさか》いには至らぬまでも)互いに「理解」し合えていないと思われるケースが大変多いのである。

どんな生活習慣や考え方の違いがそこにあるのか、いくつかの事例をみていきたい。

10年後に義父と同居生活になっていたある家。78歳の義父は離れた街で長年小料理屋を営んでいた人だ。店を一緒に切り盛りしてきた妻が他界し、高齢になったため店をたたんで40代長男の家族と同居することになった。

その義父は息子家族と共用するトイレや風呂の掃除を自ら率先して担い、週末の二日間は子ども家族みんなの食事を作り、自分の部屋で子ども家族にふるまう。平日は幼稚園教諭としてフルタイムで働く嫁（43歳）をラクさせたいとの心からであるらしい。

だが、その共食シーンで義父が為《な》すほとんどが、子ども家族にとっては（主婦の言葉によれば）「理解し難いことばかり」である。

例えば、義父の台所の戸棚には子ども家族銘々のマグカップ、飯茶碗、湯飲み茶碗、箸などが揃えてある。小料理屋をやっていたくらいだから食器はたくさんあるのに、同居するようになってから新たに買い揃えたものだ。１階の子ども家族のキッチンには今どきの家庭らしく銘々の決まった飯茶碗や箸もないから大きな違いである。（20「食器に表れる家族の変化」参照）

そして、料理は一人ひとりの前に同じものが同じように並べて供される。子ども家族の食事は普段バラバラに好きなものを食べる習慣だから、全員の意向も聞かずに同じ料理を出す義父の食卓は、子ども家族にとって非日常の見慣れぬものと映るそうだ。

主婦に、銘々に用意された飯茶碗や箸についてどう思うかインタビューで尋ねると「私は合理的でないと思うんだけど、おじいちゃんは細かくて神経質な人だから、家族が同じ器や箸を使うのが気持ち悪くて別々にするんだと思う」と語る。銘々に同じ料理が出されることについても「私は無駄をしたくないから、家族に聞いて食べたいと言ったものだけそれぞれに出すのに、おじいちゃんは、私たちに何を食べたいか聞いてもこないんですよ。全部自分で考えることにしてるみたいで」と、その感覚を〝独りよがり〟だと不満げだ。

さらに、夕食時に子どもの帰りが遅くなると「15分くらいならみんなで待っていようよ」と言う義父には、強い抵抗感さえ示す。「誰かを待って一緒に食べようみたいなのは、ウチの家族にとっては我慢と苦痛以外の何物でもないんですよ。そんなことされると子どもたちだって、帰りが遅れることをいちいち連絡しなきゃならないじゃないですか。ウチにそういう習慣は、ないですから」と迷惑そうに語る。

「それに、まだ誰かが食べているときに子どもたちが席を立ったり、食べ終わった私が気を利かして食器を流しに運び始めたりすると、おじいちゃんは気分が悪いらしくて……」と、この感覚の違いにも彼女たちは馴染めない。

「だって、なんでそんなことを他の人に合わせなければならないんですか？　自分が食べ終わったら席を立ったっていいじゃないですか。……それって、おじいちゃんの勝手なこだわりだし、ウチの家族には意味が分からないし……」と言う。

週末の食事は料理だけでなく食器洗いもすべて義父がするのだが、それも主婦には必ずしも自分への思いやりとは映っていない。「おじいちゃんは洗い物が好きで、人（私）にやらせたくないみたい。自分の好きなようにやりたい人だから、人に手を出されたくないんだと思う」と（好きなことを好きなようにやりたい）自分たちの感覚に引き寄せて理解している。

家族みんなが、特に平日働いているお嫁さんが、最後までゆっくり食べられるようにと気遣っているのであろうおじいちゃんの心は、残念ながら全く伝わっていないようだ。

そして、主婦が平日おじいちゃんの朝食を覗くと、必ず味噌汁があり、佃煮・煮豆・シラス・漬物……など常備菜の小鉢が並び、決まってフルーツ皿にフルーツが出ているそうだ。

それを見た感想もこんなふうに語られる。「おじいちゃんは『朝は味噌汁を飲む』とか、いろいろルーティンがあるんだと思う。皿もフルーツはフルーツ皿って決めていたり、ご飯や料理の器も所定の位置に置いて食べたいらしい。そういうふうに自分でこだわって決め事をしている人なんだと思う」。最後には「そんなふうにおじいちゃんは気難しくて、何でも決まった通りにしたい（厄介な）人なんですよ」と説明するのだった。

この義父が長年培ってきた端正な食の習慣や、家族（食べる人）を気遣う細やかな心は、子ども家族にはただの「こだわり」「決め事（ルーティン）」「気難しさ」と映り、自分がやりたくてやっている「好き者」や器の共用を嫌う「神経質な人」、自分たちに我慢と苦痛を強いる困った人のように言われもする。

なぜなら、この主婦も家族も「その時々、食事も他のこともそれぞれの気分でやりたいから決められた通りにするのはイヤ」「みんな自分ペースで食べたいから、誰かに合わせて待つのも、同じものを強制されるのもイヤ」「食べ終わっても人が終わるのを待っていなければならないような押し付けはイヤ」という考えで、現に平日はそうしている。

「朝食がコーヒーだけでもゼリーや団子などのお菓子でも、家族みんなＯＫ」。そんなこだわりのない自由な感覚で朝食を食べ、夕飯にもコンビニでそれぞれが買ってきたものや、レトルトのワンディッシュ料理、市販総菜をよく食べている。家族が食べる時間もバラバラ、食べるものもバラバラになっているこの家族にとって、そんな義父は（主婦の言葉を借りるなら）「意味が分からない」異星人のように映るのだろう。

他の同居家庭でも、同じようなことが起きていた。

成長期でお腹を空かせて帰る男の子のために早めに夕食の準備を始める祖母（66歳）について「自分もお腹が空くから早めに作るのだろう」と言ったり、夕食にいつも一汁三菜を作ろうとする祖母や一日三食のリズムを崩さず食べようとする祖父母について、「それをルーティンにしている人だからだと思う」と説明したりする人はたくさんいる。

料理の先生をやっていた義母（79歳）と暮らすある主婦（43歳）は、義母が台所を共用する子ども家族に迷惑をかけまいと夕食なども なるべく一人だけ外で食べるように気遣っている（らしい）ことについて、「老後、はじけてしょっちゅう外食したり遊び歩いているのだ」と理解していた。彼女の作る料理について何も言わないことも「本当にできる人は、つべこべ言わないものだ」と評し、作ってくれると「自分がやりたくてやってるんだと思う」と説明する。

こんな興味深いケースもあった。

初回の調査時、この家の主婦はまだ36歳だったが親戚や地域の人たちの出入りが多い（下町の旧家で）「本家の嫁」として義母ら家族と同居していた。そしてその暮らしをこんなふうに語っていた。

「日常的に入れ代わり立ち代わり来客がある家で、特にお彼岸やお盆や秋祭り、季節の行事や節句には、それぞれ決まった特別な料理を用意しなければなりません。結婚してから10年以上姑（66歳）に教わってきて、ようやく覚えました。日常の食事も必ず家族揃って食べる家なのですが、お客様が来てお酒が入ると夜遅くまで続くので、そんなとき私や義母はよく残り物を食べて終わりにしたり、義母は食べ損ねたりすることがあります」

近年珍しいそんな話を聞かせてくれた、とても印象的な人だった。

10年後に会うとそのお義母さんはもう亡くなっていたが、彼女の話すこともすっかり変わっていた。

「姑はお腹が空くと我慢できない人だったのか、（それに合わせて）家の食事の時間も決まっていたけれど、今は私も『もう、みんなのお母さんじゃない』と宣言して、家族にも『みんな自分のことは自分で適当にやって』と言っています」。「姑が亡くなったのを機に、私も自分の時間を大切にすることにしたんです」と、彼女はその後の変化を説明する。

「料理は姑が亡くなって緊張感がなくなったので、もうすっかり手抜き。姑に教わった煮物なんかも、私は面倒な野菜のあく抜きなんかしなくなったし、味付けも麺つゆで簡単に作るようになったし……」

「お義母さんは、いつお客が来るかわからないからと言っていろんな食べ物をストックしていたけれど、私は絶対あんな無駄なことしない。誰か来たらウチでふるまったりしないで、今は出前や外食にすればいいんですからね」

「普段から義母はテーブルに料理がいっぱい並んでいるのが好きでそうしていたけど、私は一品か二品に簡素化しました。一汁三菜はやめて、夕食に冷凍パスタやレトルトも増えましたが、その方が作るのも簡単で、家族も太らないからいいと思う」

こんなふうに10年前とは別人のように変わって、合理的な暮らしを指向し始めていた。

そして20年後、３度目の調査で再び彼女に会った。

すると、50代後半になって息子家族と同居する「本家の姑」になっていた彼女は、今の生活についてこう嘆き始めたのである。

「若夫婦（息子夫婦）は、その感覚が自分の時代と違いすぎて、私には信じられないことばかりなんです」と。

「私が朝から忙しく家事をしていても、（息子も嫁も）昼まで寝坊してる。自分の好きな時間に寝て、好きな時間に起きて、好きな時間に食べる。孫の世話も躾もその時の自分たちの気分とペースで、したりしなかったり」

そして、「今年のお盆はたくさんの来客でとても忙しかったけど、お盆の３日間、二人ともついに２階から降りても来なかったの。伝えたい料理もあったのに、そのことが私にはとても衝撃的でした……」と俯いた。

「食卓の椅子も、ミナちゃん（仮称、20代嫁）がウチに来てから、テレビがよく見えて暖房があたる一番の上座をいきなり取ってしまったので、お父さん（夫）は自分の椅子を失って下座に下がってしまいました。それを息子も何も言わないんですよ」

「ミナちゃんは、『同居したからって、なんで私が親の家の分まで食事を作ったり洗濯したりするのか、意味がわからない』と言うんです。そんなふうだから、もう息子家族との関わりは平日だけにして『土日は一切交渉（発言ママ）し合わない』とルールを決めたんです」

ショックなできごとが続いたせいか体調を崩して通院中という彼女は、インタビューの最後にしみじみこう呟いた。「本当は嫁より姑の方がずっと大変なんだと、私はこの年になってようやくわかりましたよ」。

これらは、いずれも「円満に」二世帯同居する家族ばかりで、同居しながら「もう何か月も会っていない」とか「郵便や宅配の受け渡しも、お互いし合わない」「没交渉にして暮らしている」などと語られる疎遠な同居とは比べ物にならない。

だが、祖父母世代と子ども世代の間には、日常的な感覚や考え方にも、生活習慣にも、互いに理解し難い違いが随所にあるのだと気づく。

実に不思議だが、アンケートで尋ねると若い主婦も決まって「家族揃った食事」や「手作りの食事」「みんなで同じものを囲む食卓」を理想として肯定的に語る。一日三食きちんと食べることも、家族揃って食事することも、家族の協力やお手伝いの大切さも、誰も否定しない。

だが、現実の暮らしの中でそれを指摘し実践しようとする人（祖父母世代）がいると、話は一転する。子ども家族はそれをしようとする存在をとてもうっとうしそうに、時には理解不能な異星人のように「意味が分からない」と言い始めるのだ。

「意味が分からない」だけではない。一日三食欠かさず食べようとする祖父母世代は、「食べることしか楽しみがない人」「お腹がすくと我慢できない人」と言われ、子ども家族のためにしていることは「自分が好きで（やりたくて）やってること」と、受け取られてしまうことも多い。

祖父母世代が身につけてきた様々な習慣も家族への思いやりの心も、子ども世代は「個の自由」を優先する自分たちの感覚に引き寄せて捉え、祖父母の個人的な指向や勝手な決め事（ルーティン）、そうしないでいられない性格のせいだと理解しているのも見逃せない。祖父母もまた、その違いに気づきにくいようだ。

かつて嫁として姑に仕え、10年後に核家族の主婦となり、20年後には自らが「姑」となって若い息子夫婦の言動に衝撃を受けていた先の主婦の発言は、世代を超えた伝承や協力について3つの立場から体験した人の貴重なものだったと思う。

13

あなたの親は私の他人——夫婦別「実家分担」

夫が父親（妻の義父）の経営する工場で働いている家があった。初回調査のとき、主婦（34歳）は「義父母がよく子ども（孫）たちを食事に誘ってくれたり、好物を差し入れてくれたり、子どもを泊めてくれたりするんです」と嬉しそうに話していた。

だが10年後、妻に先立たれ仕事も引退して向かいのマンションに一人で住むようになった義父とこの主婦は「ほとんど顔を合わせることもない」関係になっていた。別に諍いがあったわけではない。

「主人は義父を心配してちょくちょく食べ物を持って行ったり様子を見に行ったりしてるけど、私は何もしません。だって、それは夫のすることだから」と彼女は言う。そこに何の悪気もなく、彼の親は彼が世話するものでしょう、という感覚が見られる。

義父の年齢も事前アンケートには未記入だったので、問い合わせると「私は知らないので主人に聞いたら、今年89歳なんですって」と回答があった。義母について聞いても「主人のお母さまはだいぶ前に亡くなって、もういらっしゃらないので……私はよくわからないんです」と、まるで他人の親の話をするように敬語を使って答えてくれた。義母は、10年前のデータではよく料理の差し入れをし、外食に誘ってくれたり、子どもを預かってくれたりしていた人だ。

義父母の年齢を無記入のままアンケートを提出した人（41歳）に問い合わせの電話をして、「向こうのお義母さんがいまいくつかなんて私は知らないなぁ、お義父《とう》さんはもう亡くなってるし、……義父の没年？　私は知らない。だって、あっちの親がいつ死んだかなんて私は興味ないし、あんまり会ってもいないし」と言われたこともある。

この家の10年前のデータを見ると、義父はまだ健在で調査期間中も孫を囲んで息子夫婦と外食もしていたから、決して疎遠だったとは思えない。亡くなったのもこの10年以内のはずで「あんまり会っていない」人とも言えないだろう。

今では配偶者の親の年齢や没年を言えない人は全く珍しくないが、その背景に義父母との関係変化がある。

「私は、お正月もあちら（夫の実家）には、もうずーっと長いこと行ってないですね。行くのは主人だけです。この前、義父の誕生祝いがあったときも、子どもと夫だけ行って外でご馳走になってきたみたい。もちろん私の実家でお祝いがあるときは、私が子どもをつれて（夫は抜きで）行きますよ」（主婦51歳）など、互いに自分の実家には行っても、相手の実家との付き合いや行事にはあまり出かけない夫婦が増えている。

10年後（二度目）の調査時に、「夫婦それぞれが自分の実家を分担して相手の実家とはあまり関わりがない」と自ら明言した主婦は、少なくとも調査家庭の3割に上った。「少なくとも」と言うのは、全員に同じ質問をしたわけではないから、たまたま話の流れでそれを語った人が3割ということである。もし全員にその問いかけをしたら、夫婦2系統の「分担型」実家付き合いは、すでに多数派ではないかと私は感じている。

なぜなら「クリスマスやお正月は、毎年私の実家に子どもを連れて行って、私は何もしないで全部ウチの親にしてもらうのが決まり。その間（年末年始）は主人一人で自分の実家に行ったり、普通に自宅にいて外食暮らししていますよ」（49歳）とか、「私の実家にはよく家族連れで行って泊まってくるけど、向こうには私はほとんど行かない。もし法事とかで行くことがあっても、私だけは絶対あっちの家には泊まらないで帰って来ます」（52歳）、「主人は長男を連れて夏休みとか年に何回かあちらに行くけど、私は行く必要がないかなと思っている。私の実家にはよく行くけど、あちらには泊まったこともないし」（41歳）など、同じような話を何度も聞いたからだ。

語り方も、主婦たちは夫の実家を「あっち」「あちら側」「向こう」などと言って、こちら側である自身の実家とは別の距離感をもって話す。

「私は、死んでからもあちら側のお墓には入る気はないので、子どもと私だけはこちら側

（自分の実家）のお墓に入りたいと思っています」（54歳）と、死んだ後さえ「あちら側」に行くことに抵抗を示す声もよく聞くようになった。

結婚当初や子どもが小さい頃は、双方の実家に遊びに行ったり義父母と食事に出かけたりする関わりがあった家も、子どもの成長とともに夫婦それぞれが自分の親や親戚との付き合いを担当する「分担型」に移行していくのが、10年後の調査にくっきりと表れていて興味深い。

その逆の変化がほとんど見られないことを考えると、いまや義理の親との関係は、歳月とともに深まっていくものではなく、離れて疎遠になっていくものと言って良いのではないかと思う。データを見る限り、それは物理的距離とも関係がないようだ。

だがそれは、子どもの側からだけではない。近年は互いの実家の親たちもまた、子ども家族や息子・娘の配偶者との関わり方を変え始めている。

例えば、自分の息子への小遣いという形で経済支援をする親、自分の息子の好物だけを送り届ける親、娘の贅沢品や交際費だけを支援する親、娘と毎月旅行や外食することを楽しみにその費用を負担する親、……そして、クリスマスや孫の誕生日に娘と孫だけを招いてホームパーティをする実家はもう珍しくもなく、むしろたくさん見られる。

ある家では、嫁いだ三姉妹とその子ども（孫）たちだけが実家に集まって、敬老の日や誕生日、クリスマスなど様々な家庭行事を行うことが恒例になっていた。頻繁に開催されるそんな集まりの日に、呼ばれていない三姉妹の夫たちはどうしているのか聞くと「えっ、みんな適当に社食とかで食べてるんじゃないですか？」と意表を突かれたように主婦（44歳）は答える。もしかしたら、三人の夫たちもその方が気楽なのかもしれない。

実家の親たちも、「子どもの家族と」ではなく、直系の「私の息子と」「私の娘と」「私の孫と」の水入らずの楽しさを望むようになってきているのではないかと思う。少なくとも、そんなホームパーティの話を聞いて「えっ、自分の子どもや孫とだけ集まるの？」と違和感を唱える人はあまりいなくなった。

結婚式場で長年働いてきたある主婦（50歳）が、インタビューの席上こんな話をしてくれた。

「今は、結婚式場で初対面の親同士が『あら、もしかしたら○○さんのお母様？　私、□□の母親ですけど、どうも初めまして……』なんていうやり取りしているのを見ることが増えました。私の記憶では、２０００年前後からですかねぇ。親同士は結婚式まで会ってもいない、という結婚が増えてきたように思います」

結婚する当人同士はそれまでに相手の親に会っていたとしても、親同士は挨拶も交わさないまま子どもたちの結婚式を迎える。そんな結婚が増えてきたとしたら、結婚が本当に当人たちの「個人と個人」のものに変わってきたことを示しているのだろう。子どもたちの結婚によって互いの親同士も親族として縁を結ぶという感覚は、すでに希薄になっているのかもしれない。

近年、あえて婚姻届を出さずに生活を共にする「事実婚」を選ぶ若者が増えているが、配偶者の親や親戚ごと縁を結んでいくような従来の結婚の煩わしさを排除して、純粋に個と個の関係だけにとどめたい心の表れでもあろうか。

日本が、家と家の結婚から個と個の自由意志に基づく結婚へと憲法が変わって80年近い。１９６０年代に「見合い結婚」より個と個の意思による「恋愛結婚」の時代へと転換して約60年になる。それぞれの親子が結婚後も「私の親」「私の娘」「私の息子」との関わりを優先するようになっても全く不思議はない。

先の主婦たちの発言にもあったように、それは互いの実家の葬式や法事、正月やクリスマス、家族の記念日、夏休みや冬休みの実家帰省、そして死後の墓所に至るまで、日本の家族の冠婚葬祭や家庭行事の姿を大きく変え始めている。

また、冒頭の「主人のお母さまはだいぶ前に亡くなって、もういらっしゃらないので……」と発言した主婦を「敬語の使い方も知らない」と一概に笑えなくなってきた。それは、敬語文化を支えていた「身内意識」も変わって、いつの間にか「あちら」や「向こう」は身内と感じられないくらい縮小してきたことを表しているに違いない。（27「「私」中心の呼称変化」参照）

第3部

「食と健康」をめぐる「通説」とシビアな「現実」

14

「健康障害」は9割が伏せられる？

調査の第1ステップ「アンケート調査」部分には、家族の健康状態や食生活の留意点を書いてもらう項目がある。回答してくれるのはその家の主婦だが、実はこの質問への回答ほど信憑《しんぴょう》性に欠けるものはない。

特に、夫婦の健康状態に関するアンケート回答はほとんど当てにならず、ステップ2の食卓の写真・日記や、ステップ3の詳細面接の段階で、初めて家族の健康障害が判明することが多い。10年後に行われた2度目の調査データだけを精査しても、そんなケースが全体の9割強に達していた。

例えば、「家族みんな健康に問題はない」「ウチは誰も食生活で特に気を付けていることはない」とアンケートに記した主婦（47歳）が、インタビューの席上ではこんなことを語り始める。

「夫（47歳）は結婚してから凄い（20キロ）太ってメタボなんです。高血圧で、尿酸値も高くて、2年前からお薬も飲んでいるんです。でも、今も毎晩ビールを飲んでます」「私は血糖値が高くて、いつも検診では『要観察』と書かれて注意もされるけど、イチイチ気にしていないので、甘いものもフツーに食べちゃってます」

彼女の場合、「健康に問題がない」から「気を付けていることはない」のではなく、「健康に問題はある」けど「気を付けていない」というのが実態のようだ。

アンケートには「夫はメタボぎみなので、ビールも糖質の少ないものにしたり血圧に良いという健康茶を飲んだりしている。私は特に問題ありませんが骨量が少なめなので、カルシウム摂取のために毎日ジョア（カルシウム入り乳酸飲料）を飲んでいる」と書いた主婦（52歳）も、インタビューで語られた話はだいぶ違った。

「夫（52歳）は血糖値も高いし血圧も高くて、数年前から病院でお薬をもらって飲んでいます」「私は少し前に急性膵炎《すいえん》で倒れて、……それからずっと医者からお酒を禁じられています。骨量も少ないと注意されたんで……」。夫は「メタボぎみ」という軽微な状態ではなく投薬治療中だし、妻本人も急性膵炎で飲酒制限を受けているのにアンケートには記載がない。この発言もインタビューの終盤になって、別の話題の中でたまたま出てきたものだ。

アンケートには「家族全員問題なし」と書きながら、インタビュー時に「夫は中性脂肪がとても高くて、血尿も出て、近々大学病院に入院する予定なんです」「私は便秘がひどくて、病院の薬をもらって飲んでいます」「息子は貧血がひどくて部活もドクターストップ。精密検査中なんです」など、次々と家族の健康トラブルを語り始めた主婦（51歳）もいた。

そこで、アンケート回答は置いて、インタビュー発言の内容を抽出したところ、夫婦いずれか（ないし両方）に「食生活に起因する（とされる）健康障害」があったのは対象家庭の4分の3に及んだ。

そのうち、アンケートには書かなかったのにインタビュー時になって「投薬治療中」とか「実は入院治療をしたり入院予定」の人、「手術をした」人など無視できない健康状態の人がいる家が3割強。中には脳梗塞や胆嚢炎、心筋梗塞で入院や手術をした夫たちもいた。（「検診でメタボを注意された」とか「血圧が高めで要観察と言われている」など治療を要さない軽度の人がいる家庭は2割に過ぎない）

そして、アンケートの記述では軽微なニュアンスで回答されていたのに実際には深刻な状態の人がいた家は15％。具体的には「私は血糖値が少し高めらしい」とか「夫は尿酸値をちょっと気にしているみたい」などの記述が、実は「血糖値が高すぎて腫瘍の手術ができず、現在治療中」であったり「尿管結石で救急車で運ばれ、今も尿酸値を下げる治療中」であったりするケースだ。

夫婦いずれの場合も胃がん、大腸がん、乳がんや子宮筋腫、胃潰瘍、ポリープ、悪性リンパ腫、血液の病気、精神疾患などは、アンケート項目にもなくこちらから尋ねなくてもいろいろと語ってくれるのに、食生活に起因する（とされる）健康障害については、しばしば実

夫婦の健康障害の推移（人数）

病　名	初回調査時	10年後調査時
高コレステロール・高中性脂肪（うち投薬治療中）	14（2）	23（5）
高血圧（うち投薬治療中）	8（3）	17（8）
高血糖・糖尿病（うち投薬治療中）	3（1）	12（5）
高尿酸値・痛風（うち投薬治療中）	7（0）	8（3）

※集計はアンケート結果ではなくインタビュー時の発言も含めて、自己申告の結果に基づいて算出した

際より軽微に語られたり伏せられたりするのも不思議だ。この調査がもし第1ステップのアンケートだけで終わっていたら、その結果はまるで当てにならない。

いったいなぜだろうか。

その理由を探っていく前に、1回目の調査から10年後の変化に限定して、特に目立つ食生活に起因するとされる夫婦の健康障害について参考までに数を記しておきたい（表）。医学の調査ではないので性・年齢等のバラつきもあり、主婦から申告されたものに限るので一般化して語ることは避けたいが、夫婦の年齢が上がるほど増加していることが分かる。特に「高コレステロール・高中性脂肪」を中心として、「高血圧」「高血糖・糖尿病」「高尿酸値・痛風」などの人も目立つ。

他に多く挙がった食生活に起因するとされる健康障害としては、夫婦の「肥満」、女性を中心とする「貧血」「慢性的便秘」があり、男性の「尿管結石」、腎臓や胆嚢、肝臓の障害なども、複数挙がっていた。

15

健康管理は「自己責任」

家族の健康障害や食生活上の留意点について、アンケートには記さずインタビュー時に初めて話し出す主婦たち。語り始めるきっかけは、実はこんな質問をしたときが多い。「なぜ、同じメニュー（食品）ばかり多く出るのか（あるいは出ないのか）」「なぜ、このメニューは手作りしないのか（いつも買ってくるのか）」「なぜ、食事を抜いたのか（食べさせなかったのか）」など、一般的に「すべき」と言われていることをしていない理由を尋ねたとき。とっさの「言い訳」のような形で、家族に健康障害がある、と話し始めることが多い。

例えば「夫が高脂血症だから、私は揚げ物を家では作らず食べたいときには買ってくる」「夫が痛風だから別のものを食べるので、私は彼の食事を用意しない」「子どもにアレルギーがあるから、ウチのメニューはいつも同じものになる」など。

ここで大事なのは、その言い訳の是非ではない。主婦はそれを普段忘れているから、アンケートに記さなかったのではないということだ。では、なぜアンケートに書かなかったのか。

「夫」の健康障害について、主婦たちはよくこんなことを話す。「それ（健康障害）を聞いても、私は『フーン』って感じで特に意識はしていません」「私はそれについてはノータッチなので、よくは知らないんです」「検査結果を聞かされても、口で『気をつけたら』って言うくらいで、私は特に何もしません」「私に言われても、いい大人なんですから、自分で考えて自分でやって、って感じでいます」等々。夫の痛風と糖尿病を知らされて、「『えー？　聞きたくないなー、すごいめんどくさいなー、勝手にやってよ』と思った」主婦（41歳）もいる。中でも一番多く出た言葉が、「自己責任だと思う」であった。

妻たちの多くは、夫の食生活に関係する健康障害について知ってはいてもあまり関心を持つことなく、家庭の食事に関係するとも捉えず、したがって、自分が関与すべきことだとは思っていない。今それは、妻にとって夫の「個人」的問題という認識だと言って良いだろう。だが、これは家庭における妻の夫に対する冷淡さを示すとは決して言えない。なぜなら夫たちも、妻が心配して注意すると嫌な顔をして言い返したり（夫47歳）、「俺の身体がどうなろうと俺の勝手だ」と言って無視したり（53歳）している。そして、何と言われようが、多くの人が食べたいものは外で食べてきたり買って来たりしている。

また、対象者の中には製薬会社勤務の夫（54歳）やドラッグストアの薬剤師の夫（51歳）、医者の夫（56歳）なども複数いたが、どの人も「自分の食事や健康の管理はしても、家族の食や健康状態には全く無関心」あるいは「妻には口出しをさせず、自分もせず、自分の食べたいものは自分の考えで食べる主義」。よく言えば自己管理型、悪く言えば自分中心型だと妻たちは話す。互いに冷たいのではなく、健康問題に関することも含めて夫婦の関わり方は大きく変わってきているのである。

だから、「高血圧で脂肪肝・痛風で、毎朝野菜スムージーとオメガ３オイルを摂りながら、夕食にうるめイワシとビールを欠かさない夫」（52歳）や、「高コレステロールで大動脈解離で退院したばかりなのに、こってりした食生活を変えない夫」（56歳）、「糖尿病と高コレステロールで投薬治療中にもかかわらず、毎日のように自分で揚げ物を買ってきて、朝食にジャムトーストを欠かさない夫」（60歳）にも、妻たちは「好きにしたらいい」「関知しない」「気にしない」と言うのである。妻たちが「自分の作る食事のせいではない」「夫自身の外食や中食、飲酒習慣のせいだ」と語るのも頷ける。どうやら、互いの好みや食習慣を諫める言葉を今の夫婦は持たなくなっているようだ。

ある主婦（47歳）は、かつて出産を機に「あなたに倒れられたら困るから、気を付けてほしいの」と夫の食習慣に口を出して「俺の勝手だ！」と言い返され、夫婦関係が大変険悪になったことがあると話してくれた。その後、姑が仲介に入って何とか修復したそうだが、たとえ相手を案じる心からであっても、人の食生活に口を出したりコントロールしたりしようとする行為は、個々の自由や好みを尊重する今の夫婦に馴染まなくなってきているようだ。

ましてや、妻の健康状態を案じる夫はどのくらいいるのか。闘病中の妻への無関心や非協力が夫婦破綻の見逃せない一因になっていたことも忘れてはならない。

では、子どもたちに対してはどうか。

子どもの食に起因すると言われる健康障害は貧血や便秘、肥満や痩せすぎ、食物アレルギーなどが中心だが、母親たちの基本姿勢は、食物アレルギーを含めて、総じて「気にしない」というものだ。子どもの深刻な健康障害が対象家庭に少なかったせいもあるかもしれないが、家庭の「食生活」に原因があると考える人はほとんどいない。

母親たちは口を揃えて、子ども本人の「体質だから」「遺伝だから」「生まれつきだから」と、食生活など外的要因よりその子が持って生まれた内的要因を語る。家庭の食生活の影響について語る人は大変稀だ。外的要因に触れた人も「運動部で汗をかくのに水分を摂らないから便秘する」「朝練があって睡眠時間が足りないせいで痩せて貧血になる」など部活や学校生活に主要な原因を求め、家庭の食生活の問題とは考えない。調査データから見れば、朝食の欠食や極端な野菜不足など明らかな問題が指摘できそうな場合も、そうであった。

また、近年気になるのは、中学生以上の男の子を中心とするスポーツ食（アスリート食）や、男の子の筋肉（マッチョ、腹筋割れ）指向、同じく男の子の美肌指向の台頭である。かつては女の子のダイエットや美容指向が問題になったがそれは目立たなくなり、2010年代半ば頃から主に学校の部活やスポーツクラブによる食指導が子どもたちの食事の「家庭外管理」を促進している。

個々の身体や運動に合わせてプロテインやタンパク質の多い食品（鶏のささみなど）の摂取を指導するこの動きも、結果として子どもたちの「個」食や家族バラバラの食事を促進し、子どもの食生活の主導権を親や家庭の外に移行させる契機となっていることは否めない。

（17「家族共食を蝕むブラック部活とブラック企業」参照）

では、主婦自身の健康障害についてはどう語られていただろうか。

10年後に健康障害を有していた主婦で、その原因を食生活のせいと語った人は一人もいなかった。「体質」や「遺伝」のせいと説明する人は若干見られたが、ほとんどの人が「ストレス」が原因だと述べたのは注目される。便秘や高血糖、高血圧なども、その原因となる甘いチョコや炭酸飲料、塩辛い食べ物や酒の飲みすぎ、食事の偏りも、すべて「ストレス」が原因。だから、そのストレスがある限り食生活は「変えられない」「仕方がない」と説明される。しかし「何によるストレスか」を尋ねて具体的に答えられた人にはまだ会っていない。しいて言えば、やりたいことをやりたいようにさせてくれない家族や職場、人間関係を挙げる人が多かった。

夫の飲酒や食嗜好に関して「ストレスのせい」と語った主婦が一人もいなかったことと比べると興味深いが、夫もまた、聞けば同じように「ストレスでつい食べてしまう」「ストレスで飲まずにいられない」と言うのかもしれない。

いずれにせよ、夫婦も子どもも健康障害は「個々」の内側の遺伝体質やストレスの問題として、家庭の食とは切り離して捉えるようになってきたことは事実である。

だから、家庭の食を中心的に担っているのがたとえまだ主婦であったとしても、彼女たちはそれを自分の関与すべき問題でも関与できる問題とも考えないのであろう。家族の健康障害を仮に知ってはいても、「家庭の食に起因する健康障害」とは考えないから、彼女たちが「(積極的に)食事作りで気を付けていること」も特にない。

主婦の9割が食に起因する健康障害をアンケートに書かなかった理由は、そこにあったのではないかと私は思う。

16

「共食」と「健康障害」の意外な関係

メタボ健診がスタートし食事指導も行われるようになったのは2008年からだ。以降、食生活に起因する健康障害の増加や、中食や外食などによる栄養の偏り、欠食や不規則な食生活、過剰な飲酒や運動不足などの問題もよく語られるようになってきた。

では、10年後にそれらの問題が起きていたのはどんな家だろうか。ここでは夫婦の健康障害を中心に、深刻な問題が起きていた家庭の特徴や家族の食生活を10年前に遡って見直してみたい。

すると、健康障害が最も顕著に表れていたのは、その間に「夫婦関係が破綻した家」の夫や妻であった。破綻夫婦では「彼の健康状態なんか関心もないし、答えたくもない」と回答を拒否した1ケースを除くと、そのほとんどすべての夫婦（あるいは夫婦いずれか）に、食生活に起因する軽視できない健康障害が表れ、実に7割が（闘病）治療中であった。

また、家に帰らない子や部屋から出てこない子、家で食事をしなくなった子がいる家庭

（3「家に帰らない子、子どもを待たない親」参照）の親たちにも、なぜかその多くに痛風や高血圧、糖尿病、高コレステロールなどをはじめとする食生活に起因すると言われる健康障害が出現していた。次に目立ったのは、夫が「単身赴任」、あるいは「交代制」で働いている家の夫や妻である。

そして、長い間実母や義母に食事作りを依存していた主婦が、その支援を失った後自分ではあまり作らなくなった家も目に付く。子どもの成長や自身の再就労を機に、主婦が「家事からの解放」を宣言し、食事作りを担う人を失った家の夫婦も同様だ。

なぜだろうか。そこに共通するのは家族関係が上手くいかないことによる精神的な「ストレス」か、それとも食事を「手作り」する人がいなくなったことによる「外食・中食」の増加や、食事内容の低下が原因だろうか。

それらの家で夫婦が食べているものや食べ方などデータを詳細に見直したところ、最も重要な共通点は、一つ一つの食事内容の良し悪しではなく（むしろ、一人で豪華なランチや夕食を食べている人もいる）、どの家にも家族の「共食」がほとんどないか、あるいは全くないという事実であった。

これらの家庭の主婦たち自身、インタビューでみな同じことをことさら強調して語っている。いわく「食事は、家族みんなそれぞれの勝手にやってもらっています」「ウチは、みんな自分自分で好きなものを出して好きな時間に食べる感じです」「夫も子どもたちも自分のものは自分で買ってきたりして、好きに食べるようにしています」「ウチの食事は、もうみんな自分ペースで好きにやって、というスタイルです」……と。「自分自分で」「みんな勝手に」「自分の好きなように」「自分の分だけ」……などの言葉も異口同音に何度も繰り返されていた。

調査期間の1週間に、一度も家族が食卓に揃わなかった家も多かったが、それは共食を志向しつつ事情があってできなかったのではない。

「我が家に『みんな揃って食べよう』というのは全然ない」と言い切った主婦を始め、「家族一緒にいても、もう一緒には食べない」「ごはんよ、なんて声をかけても誰も（部屋から）出てこないから、揃うことはない」「一緒に揃って食べることは、年に何回もない」「正月やクリスマスも、もう一緒には食べない」「家族で外食する機会はあっても、家で一緒に食べることはない」など、あえて主婦たちはそんな志向や習慣さえないと語る。

では、共食を捨てた家庭の夫婦はなぜ健康障害を起こしやすいのか。食べているものをよく見れば、こんな実態が見えてくる。ある家では夫（52歳）が中性脂肪が高く高血圧で投薬治療中なのに、連日揚げ物や塩辛い好物を自分で買ってきて晩酌をしている。妻（52歳）も糖尿病で通院中なのに甘いものや油ものを好んで食べ、チョコレートやコーラはまとめ買いして毎日欠かさない。

別の夫婦は、夫（46歳）が数年で12キロも体重が増え、健康診断で高コレステロールと肥満を注意され通院治療中だったが、焼肉、かつ丼、カツカレー、鶏唐揚げが好物で週に何度も食べていた。妻（45歳）もまた便秘がひどく病院に通わなければならないほどの症状に苦しんでいたが、調査期間中も野菜はほとんど食べず、自分用に作るのは野菜を入れないスパゲティや麺類ばかり。

また別の家では、痛風で通院中の夫（45歳）が毎日のように好物のイカ、シシャモ、シラス、魚卵などを買ってきて一人でビールを飲んでいるし、他にも糖尿病と高コレステロールの薬を飲みながら砂糖をスプーン7杯入れたコーヒーを毎朝飲み、昼食や夕食にはフライドチキン、とんかつ、ラーメン、焼肉……を繰り返し食べ続ける肥満で脂肪肝の夫（49歳）もいた。同様の事例にはキリがない。

どの人も医師や栄養士の忠告に従っているとは言い難いが、そのことよりも、10年後に共食を無くしていた家の食事は、以前と比較にならないくらい一人ひとりが自分の好物の同じものばかり繰り返す内容になっていることに気づく。

それぞれが自分で調達して食事をするようになると、主婦は「ラクでいい」と言い、家族も「自由でいい」と言うが、どの人も誰はばかることなく自分の好きな時間に好物ばかり繰り返し食べ、苦手なものは食べなくなるのが現実であった。

一方「共食」の多い家庭の食卓を見ると、どの家も誰かの好物ばかり繰り返すような食事にはなっていない。食べ手は、ある日は子どもの好物に合わせ、ある日はお父さんやお母さんの好物に合わせて出されるものを食べている。作り手も、他の家族の体調や都合を考えて自分一人なら決して作ろうとは思わないものも出し、自分も食べている。そこに自ずと偏らない食事バランスが成立し、欠食や不規則な食事も総じて少なくなっていることが認められる。

その中身は、必ずしも「外食」か「中食」か「手作り」かにはかかわらない。共食を捨てて個々バラバラになった食事では、たとえスーパーやコンビニに多様な食品が並んでいても、街に様々な外食店があっても、その人の「好み」を濃厚に反映して偏った選択になっているのである。いくら栄養・健康の情報が溢れていても、あるいは病院で食事指導されても、人は自分一人の食事にあえて好きではないものを選んで食べ続けられるほど、強くはないのだと思う。

「共食」の大切さと言えば、家族や仲間が揃ってワイワイ食べる食卓コミュニケーションの楽しさについて語られることが多いが、共食の価値はそれだけではないだろう。

「共食」では、自分以外の人の好みや体調を気にかけて用意したり、自分以外の人に合わせて好みではないものも食べたりする。そうして誰もが、意図せぬうちに個々の好みや癖、習慣さえ超えて、結果として個々の健康を守り維持する内容になっていたのではないだろうか。いわば「共食」は、他者の存在による（他者を思いやることによる）健康な食生活の安全装置のようだ。

その意味では、たとえ家族と一緒に食べても、それぞれ自分の好きなものを主張してバラバラなものを食べる食卓は、いまの家庭に最も増えている食スタイルではあるが、ただの「同席」の食卓であって「共食」とは似て非なるものだと言えよう。

メタボ健診の開始は、このような個々バラバラの食生活をする人の増加と無関係ではなかったと私は考えている。だから、その対応策として個々の「セルフケア」(セルフメディケーション)が語られ、個々に摂取しやすい様々な健康食品やサプリメントが人気を集めているのだろう。

しかし、それよりも重要かもしれない「共食」は、家庭においてさえ間違いなく衰退の方向にある。

第4部

「個」を尊重する家庭食とその影響

17

家族共食を蝕むブラック部活とブラック企業

初回の調査から10年、20年を経て会った時、その間に起きた食卓の変化を主婦に尋ねると、最も多く挙げられるのが「家族共食機会の減少」である。約65％の主婦がそう答えた。

その内訳は、特に「家庭で一緒に揃ってご飯を食べる機会が減った（ほとんどなくなった）」という人が45％、「家族揃って外食する機会が減った（ほとんどなくなった）」という人が20％である。用意される料理の種類や食べる量の変化、作り方の変化（「作らずに買うようになった」を含む）などを挙げる人はそれよりずっと少なく、いずれも１割前後ずつしかない。（複数回答）

年齢別にみると、特に47歳、48歳、49歳、50歳の主婦に「家族共食機会の減少」を挙げる人が多く、いずれの年齢でも８～９割に及ぶ。どうやら「家族共食機会の減少」は、40代後半から50歳の主婦層が最も強く感じる食卓の変化と言えそうだ。

なぜだろうか。よく調べると、この年齢層の母親の家では子どもがちょうど中学生から高校生の時期に当たる。そう聞くと、ひと昔前なら「塾通い」を連想したかもしれないが、いまは違う。母親たちが異口同音に語ったのは「学校の部活動」の強い影響であった。

長女（高2）がバレーボール部、長男（中2）が野球部に所属するという主婦（49歳）は、こう語る。「毎日朝練で長男は朝早く出ていく。私は長男に合わせて起きてはいられないから、朝食は自分でコンビニで買わせているんです。長女も部活で早く出て行くから私たちとは時間が合わない。夕食も子どもたちは部活で遅いから帰宅した順にバラバラに食べている」と。

休日はどうかと聞けば、「土日も二人とも部活があるし、週末に試合があると私も応援や手伝いに駆り出されるので忙しい。土日の練習や試合の後は、子どもたちも友達同士でマックやファミレスで外食して帰ることが多いから、週末の夕食も家族揃って食べることはなくなった」と話す。

別の主婦に聞いても、「長男が中学のバスケ部に入ってから、帰宅は毎日7時半過ぎ。朝練・午後練は土曜日もあるから、家族揃って食事することは朝食も夕食もほとんどなくなった」（47歳）、「中学生の長男と長女の部活で、夕食も家族が一緒に食べることはほとんどなくなった。休日も部活のあと友達と食べて来ることが多くて、休日に家族で外食することもなくなった」（50歳）など同じような話ばかり。

朝練のための「一人だけ早い朝食」や練習後の空腹を「夕食までつなぐ間食」として子ど

もたちがコンビニでフライドチキンやカップ麺・菓子類を買い食いする話、部活後はその友達とファストフードショップやファミレスに寄って（学校には内緒で）外食する話、休日の試合後は焼肉屋などちょっと高めの店で「打ち上げ」と称する外食をして帰る話、練習のない休日は「部員同士の付き合い」で集まってレジャーランドやカラオケに繰り出し外食する話が多数の主婦から出て来た。いずれも、10代前半の中学生時期から始まる「食事を伴う子ども同士の付き合い」の話である。

部活は家庭の食事内容にも強く影響を与えている。食事時間が合わないために「取り置き可能な料理しか作らなくなった」「個食に便利なワンディッシュメニューが夕食にも多くなった」という話は以前からよく聞いていたが、それだけではない。

「試合前には消化の良い炭水化物を多めに、試合後にはタンパク質をたくさん摂るようにとコーチから言われている。だから娘の食事だけ別メニューになる」「中学校の部活の指導で、息子の弁当は2リットルタッパーが標準。中身は、『野菜は無くてもいいからエネルギーになる炭水化物を』と言われ、焼きそば3玉は常識です」「野球部の監督の指導で、次男には身体を大きくするための牛乳やヨーグルトをたくさん摂らせなければならなくて、毎日大変」「バドミントン部の指導で、娘の食事はアスリート食になっている。『野菜よりタンパク質を』と言われて、サラダチキンやヨーグルトばかり」

今は、運動部活動をするための特別な食事（＝アスリート食）の指導を行う学校が多くなったから、食べるものも他の家族と同じにはできない。プロテイン飲料やバナナ、鶏のささみや鶏胸肉などを積極的に摂取するよう指導され、毎日家でそれを励行している子どもたちは確かに増えた。

学校は、「食育」の時間には家族共食の大切さを教えるが、「部活」では個々の運動量や体質・体調、試合スケジュールなどに合わせて家族とは別の時間に別の内容の食事を摂ることを指導する。いずれも大事なことだが、子どもたちの中では二つの「正しい食事」の在り方が綱引きしているかもしれない。たいていの親は部活の指導に合わせるから、それが結果として家族共食の機会を減らし、母親たちもそう感じていることは事実である。

そして、中学生の頃から部活で馴染んだ「コンビニで買い食いする食事」や「子ども同士の外食」「家族と時間や中身の違う食事」は、部活をやめた後も子どもたちの日常的習慣となっていく事実も無視できない。

さらに、夫や成長した子どもたちの働き方の多様化も、家庭の食卓に大きな影響を与えている。データからみれば、よく問題視される「長時間労働」よりも、近年は「シフト制」「交代制」「単身赴任」で働く人や「出張」の多さが気にかかる。

なぜ「気にかかる」のかと言えば、働く人の健康問題もあるが、子どもの部活と違って家族（特に主婦）がそれに「慣れて」しまい、やがて「歓迎し始める」のが実態だからである。

いわく「毎日家に帰って来て食事されたら、毎日ちゃんと作らなければならなくなってしまうから、私はこのままでいい」（50歳）、「あんまり帰って来られると大変だから、ウチはこのままのほうがラクでいい」（54歳）などと言う。一世を風靡したＣＭの「亭主元気で留守がいい」（大日本除虫菊、１９８６年）というセリフを思い出させるが、事態はもう少し深刻だ。中には、単身赴任や交代制勤務の夫の恒常的な不在を前提に、妻は実家に入り浸って「娘返り」したり、母子だけの気楽さに慣れたりして、もうその快適さを手放したくないと言い始めるケースもよく見る。

そして、しばしば家族の関係も夫婦の仲も蝕《むしば》んでいくのである。10年後の調査で夫婦関係が著しく悪化していたケースに「単身赴任」や「交代制勤務」の夫、「出張」が多い夫が目立っていたことも、忘れてはならない。（７「10年後、５組に1組の夫婦が破綻」参照）

やがて彼女たちは「老後、夫が退職して毎日家にいるようになったら、私は一緒に暮らせるか不安」「夫のいない日常生活に慣れてしまったので、私はもう一人のほうが良くなってしまった」などと語り始める。子どもの受験や反抗期、自身の病気や親の介護などで大変だった時期に「そこにいて、事態を共有してくれなかった夫」への戻り難い心情を語った主婦は一人や二人ではない。

「定年退職したら一緒に食卓を囲み、夫婦で旅行にも行きたい」と楽しみにしている夫たちはどうしたら良いのだろうか。興味深いのは、そんな働き方を変えた夫の事例である。「シフト制で働いていた夫（43歳）が解雇されて昼型の職場に転職したら、給料は下がったのに夫婦仲は良くなった」（46歳）ケースや「主人（49歳）が残業の多いＩＴ関係の会社を辞めて、普通に帰れる会社に転職したら、夫婦で毎晩飲みながら食べたり話したり、休日も二人で行動することが多くなった」（49歳）夫婦の事例もあった。家族が円満であるためには「時間の共有」が想像以上に重要なのかもしれない。

そう考えると、10年後に成長した子どもたちの就職先やアルバイト先が、シフト制・交代制・昼夜逆転の職場がとても多くなってきたこともやはり気になる。子どもたち世代にとっては、曜日も昼夜も問わずサービスを提供してくれるそれらの会社こそ、部活や友達との付き合いなど、家族と離れた「個」の自由を支えてきた最も身近な仕事であり会社なのであろう。

だが、その仕事がまた、家族バラバラの時間を生きる人を生み出して、「コンビニで働き始めた息子（20歳）は昼夜逆転の生活で、もう家に居てもほとんど顔を合わせることがなくなった」（42歳）、「長男（22歳）が鉄道関係で働き始めたら、交代制で泊まりも多くて、帰宅は不規則」（53歳）、「娘（20歳）の職場（ホテル内飲食店）は交代制だから、一緒に食事することはめったになくなった」（50歳）ということにもなる。ＩＴ関係や物流関係の仕事に就いた子どもたちの実態も同様だ。

卵が先か鶏が先か。その「一人の快適さ」「自分ペースの自由さ」を保障するサービスの充実は、家族と時間も場所も共にせずそこで働く人を増やし、巡り巡ってまた、個々に自分ペースで暮らす家族の増大に、拍車をかけていく。

多くの家族が生活時間や生活場所を共にしていたのは、いったいいつまでだったのか。かつてはどこにでもあった「同じ屋根の下」で「一緒の時間」を生きる家族の暮らし、一緒の食事は、学校や職場など家庭の外側からも崩され蝕まれ始めている。

決して、便利さに慣れた現代人のわがままさゆえに食卓が個々バラバラになってきたとばかりは言えないのである。

18

家庭料理の変化と個化する家族

「鍋料理」は、家族みんなで囲む食卓の象徴的料理でもあった。「あった」と言うのは、すでに変わり始めているからである。

今は「鍋料理は取り分けておけば、遅く帰る家族にも『自分でやって』と言える便利なメニュー」（53歳）、「私が作って盛り付けてやらなくても、（卓上で）『自分自分でさせられる』ラクな夕食メニュー」（41歳）などと主婦は言う。誰かが家族のために鍋から取り分けてやったり、煮え加減を見ながら具材を足し入れたりする光景も見なくなり、むしろ一人ひとりが自分の好みとペースで食べられるのが鍋料理の良いところと言われるように反転してきたのである。

個食サイズの「鍋の素」（「プチッと鍋」エバラ食品、2013年発売）なども出て、家族揃っても、別々の味の鍋を楽しむ家もある。それは、同じ食卓に着きながら様々な味のレトルトパスタやカップ麺を食べる光景にも似ている。

家族揃ったら「我が家のカレー」を作るものと考えられていたのも、ひと昔前の話。家族揃ったからこそ、一人ひとりを満足させるために異なる具材、異なる味付けや、異なる辛さのカレーが求められ、「だから（作るより）レトルトになる」と話す主婦も増えた。そこに認められるのは、手作りをしない「簡便化指向」ではない。一人ひとりの好みに合わせて、タイ風カレーやご当地カレー、有名カレー店のカレーなど多様なスペシャルカレーの中から選ばせる「パーソナル指向」である。

今の親は子どもが幼い頃から、大人用には中辛のカレーを煮て子どもにはお子様用レトルトカレーを食べさせたり、子どもとお母さん用に甘口カレーを煮て、お父さんだけ激辛カレーのレトルトを買ったりしてきた。誰かに合わせる我慢は誰もしたくない、そんな家庭が10年後に家族で同じカレーを食べるよりそれぞれの好みに合わせてバラバラのレトルトカレーを食べるようになっても、少しも不思議はない。カレーであれパスタであれ、個食サイズのレトルト食品が人気と聞いて単身者の増加による個食市場の興隆ばかり語る時代は、もう終わった。

こんなふうに、人や家族の変化が古くからの家庭料理の「価値（魅力）」を変えた例は他にもある。例えば、ひじき煮や金平ごぼう、切り干し大根、煮豆など「常備菜」と呼ばれてきた料理。どれも、まとめて作っておけば日持ちして「もう一品」足りないときの副菜として重宝がられてきたものだ。

しかし、近年の私の調査では、それらは「頑張ったときに作るきちんとした料理」「理想の食卓のシンボル」「家庭の和食料理の代表」と言われる。決して「もう一品足りないときの副菜」というような副次的ポジションにはない。

「常備菜は『一回で食べ切りたい』料理なので、いつも食べ切りサイズのパックを買う」とか「今日の献立は、『手のかかる』常備菜を中心に考えた」「家族の『健康のために』久しぶりに常備菜を作ってみた」などの発言もよく聞かれる。「常備菜」は、いつの間にか、手間がかかるのでめったに作らないが健康に良い和風料理、常備されない特別メニューの代表となっていたようだ。

まとめ作りした料理を繰り返し食べることが好まれなくなり、和風料理を家庭で作ったり食べたりする機会も減り、何よりも家族みんなで同じものを食べる食卓が減り、「常備菜」の意味や価値も分からなくなってきたのである。

そして、一見常備菜とよく似た捉え方をされる「作り置き料理」をデータに見るようになったのは2018~2019年だったろうか。次々と「作り置き料理」の本も出され、ちょっとしたブームにもなった。だが、これが「つくおき料理」と略称で呼ばれるほど人気を得る前、2012~2013年頃からその先駆的な現象は目立ち始めていた。

本来なら食べる直前にすべき仕事を、作り手が自分の都合の良い時間（時には前日や何日も前）に済ませてしまうことが増えていたのである。

例えば「（前日や朝のうちに）パスタをまとめて茹でておく」「翌朝食べる魚を前日に焼いておく」「夕飯の魚を朝のうちにまとめて焼いておく」「餃子の野菜は、昼間のうちに全部刻んでおく」、そして「野菜を買ったら、何にでも使える同じ大きさに全部刻んでおく」「トマトは買ってきたら全部湯剝きしてしまう」などの話もよく聞くようになった。

「翌日の子どもの弁当を前日のうちに詰めて冷蔵庫に入れておく」人や「味噌汁は数日分をまとめて作り、冷蔵庫に鍋ごと入れておく」人などは、すでに一般的と言って良いだろう。

これらは、かつての「乾物を前夜から水に戻しておく」ような仕事とは全く違う。何時間も（何日も）前にして置くことが望ましくない仕事を、作り手の都合に合わせてやってしまうのである。

その背景には、「自分の気の向いたとき」「自分の都合の良いとき」に作りたい人と、食事時間と関係なく「自分の食べたいタイミングで」「待たずにすぐ」食べたい人の増加がある。「食べ手」もまた、自分都合になっていることに注意しなければならない。かつてのように、食べ手の時間に合わせて作り、出来上がる時間に合わせて食べる家族が減り、互いの「自分時間都合」がぶつかり合うのが、現代の家庭の食卓でもある。

「つくおき料理」は、そんな状況にあってもまだ、買って済ませるより「手作り」を指向する人々のギリギリのところに成立しているように見える。それは、かつて時間や手がかけられないときでも副菜を一品増やそうとした「常備菜」とは似て非なる「作り置き」料理になっている。

作り手都合のそんな合理性感覚は、調理方法や調味方法にも見られる。味噌汁を作るのに、火の通りやすさが異なる根菜もわかめもネギも一気に入れて「煮る」（という言葉を使う人が増えた）感覚や、調味料を使う際に「さしすせそ」の順番を度外視して一度に「投入する」（という言葉を使う人も増えた）感覚も、同様だろう。後者は若い人に人気のレシピではもう普通のやり方となって、素材による火の通りやすさに合わせて手順を踏んでいくやり方は「いちいち面倒くさい」と言われるようになった。

素材や自然など周りの対象に合わせ、家族や相手に合わせて手をかける時代から、「食べ手」も「作り手」も人間の自分時間都合を優先して合理的に行動する時代へ。その変化に合わせて家庭料理も変わってきている。

「鍋料理」の価値の変容も「つくおき料理」の浮上も、このように「調理の簡便化指向」とか「個食化指向」という従来の概念では括れない、「個」化する家族の進化に合わせた新指向として捉えなければならない時代になってきた。

そして、個々の好みに合わせた市販品を頻用する家庭では、料理を食卓に「出す」「並べる」ことを「（ポンと）置く」という言葉で表現する人が増えてきた。（ポンと）置く人は「食べさせる（食べさせたい）」意思も心も希薄なままちょっと「置いて」みて、個々の食べ手に委ねる感覚に近いようだ。

19

同じ釜の飯より「個」の尊重

「ウチには鍋というものがなくてフライパンだけ。鍋を使う料理はしないんで、要らないんです」（40歳）、「火加減や時間なんて気にして料理したくないから、ウチにある鍋はシャトルシェフだけ。でも煮物は買って来るから、シャトルシェフも普段は使わないかな」（49歳）、「我が家にはもう炊飯器がなくなりました。夫も私もお酒を飲むから夜もご飯は食べないし、子どもは中1のときから自分が食べるものはコンビニで買って来るんで……」（46歳）、「ウチは鍋がないけど、フライパンが大小と二つあるので、それで全然問題ないですよ」（46歳）……これらはいずれも2回目の調査時の主婦の発言だ。

昔は、所帯を持ってから年を経るほど台所道具は増えていくものだったが、今は必ずしもそうではない。最初は鍋や炊飯器があった家も、だんだん作る料理が決まってきたり、作り方が簡便化されたり買ってくるようになったりして、使わない道具は消えていくのである。

「包丁がない家」が出てきたとマスコミで話題になったのは、もう25年以上も前だったろうか。私の調査では「包丁がない家」はさすがにまだ一軒も見ていないが、このように鍋や炊飯器のない家なら何軒かあった。自らそう語っただけで、調査対象家庭の1割弱。これも2000年代後半から40代主婦を中心に一気に浮上してきたことは忘れられない。

魚焼きグリルはその前から嫌われており、「ウチにはグリルがありません。だって魚なんて家で焼かないし、もし焼くならフライパンで焼けばいい」「グリルは洗いたくないから使わないので、物を入れて引き出し代わりにしています」などという話はもう珍しくもない。魚を焼くのにグリルではなくフライパンを使用する家庭はすでに3〜4割。残りの家庭はグリルを使用しているのかと言えば、焼き魚自体を家でしなくなったり頻度が低下したりしている。

調理機器の変化は、家庭料理の変化を表している。揚げ鍋（中華鍋）や蒸し器（蒸籠）、土鍋などは、その有無や手入れの面倒感の話も含め、話題にも上らなくなった。

2000年代初頭は、鍋料理や卓上のホットプレート料理（焼肉・たこ焼き・お好み焼きなど）がブームだったが、それはちょうど「作る人」からの解放を求める主婦たちの増加と卓上料理のレジャー化が重なった頃だ。それも2000年代末には、家族の「（作りながら食べるのは）面倒くさい」という声と、そもそも家族が食卓に揃わなくなった現実を反映して減少し始めた。

そして、２０００年前後までは見たのに、その後急減してごくたまにしか見なくなった家庭料理には、てんぷらやコロッケ、魚のフライ、春巻きなど（鶏唐揚げを除く）揚げ物類、ロールキャベツや餃子、ハンバーグステーキ、ミートボール、ピーマン肉詰めなどひき肉を捏ねる料理、寿司や炊き込み飯、茶碗蒸し、魚の煮つけ、自家製の漬物、ポテトサラダ、……ざっと思いつくだけでも随分ある。いずれも昭和の家庭料理の代表とされてきたものばかりだが、近年これらの手作りが出てくると、大抵は「おばあちゃんからの差し入れ」である。「実家で食べるからウチでは作らない」という主婦も多い。

いずれも他の料理に比べると手間暇がかかるものばかりだが、手間を惜しむようになったことだけが衰退の理由ではない。今は、家族が自分の分だけ買ってきたり、自分の分だけ作ったり、勝手に外で食べて来たりして、手をかけて作ってもみんなが食べるとは限らないからだ。そんな食事作りにはあまり手間暇かけなくなっても、全く不思議ではない。

手のかかる料理だけでなく、家で作ると購入素材が多種に及ぶ料理やたくさんでき過ぎてしまうもの、長く取って置くことができない料理も家庭では作られなくなってきた。手間要らずの「刺身」の購入頻度さえ（同じ家でも）子どもの成長とともに下がっている。翌日に持ち越せない鮮度命の刺身は、「何時に帰るのか」「（帰宅しても）家でそれを食べるのかどうか」分からない家族の実態からすれば、購入がリスキーなメニューとなっている。

家族の変容を反映して料理が変わり調理機器が変わり、そして調味料の使われ方も変わってきた。

例えば、２０００年代後半から基礎調味料の衰退や変容が著しい。刺身や納豆・冷奴も今は大抵商品にインパックされている複合調味料を使うようになったせいか、従来のシンプルな基礎調味料では「味が薄い」とか「コクがない」と言って使いたがらない人が出てきた。

２０１０年代半ばになると「醬油は使いきれないまま古くなるから、買いたくない」「ポン酢や麺つゆを使うから、ウチに酢や醬油はもうない」「酢はもうずっと買ったことがない」「味噌は使わないので買わない」「サラダ油はあっても使いきれないから買わない」などの発言も珍しくなくなってきた。若い単身者ではなく、子どもがいる家庭の主婦たちの話である。

そして「料理に手間をかけるより、調味料にお金をかけたい」（46歳）とか、「素材はセールで買っても、調味料は高くても美味しいものを買う」（51歳）と言う人、あるいは「素材を生かす料理をしたい」と調理は簡略化して調味料の味で食べようとする人も増えている。

そこで言う調味料とは、塩や胡椒ではなくクレイジーソルトやマジックソルト、ペッパーソルトのような味付き・香辛料入りの塩、生酢《きず》ではなくポン酢、土佐酢、千鳥酢など各種合わせ酢、生醬油ではなく麺つゆや各種だし入り醬油など、いずれも複合化された調味料ばかり。この急浮上もやはり２００６〜２００７年頃から目立ち始め、２００８年には「便利調味料」を尋ねるアンケート回答の代表的カテゴリーとなってきた。

それら複合化された多様な塩・醬油・酢・胡椒は、キッチンユースではなくテーブルユース調味料として人気なのも見逃せない。調味料もテーブルで各人が自分の好みで別々のものを選び使うものとなって、「私はいまポン酢にハマっているから、生野菜も刺身も冷奴もポン酢」とか、「長男はうどんにもラーメンにも肉や野菜炒めにも最近は柚子胡椒をかけて食べる」など、どんな食べ物にもお気に入りの同じ調味料をかけて味を「カスタマイズ」して食べる人も出てきた。

「焼肉（料理）が好き」と言わずに「焼肉味（調味料）のものが好き」と言ったり、「野菜や豆腐も『焼肉のたれ味』ならOK」とか「好物は、焼きそばソース味のもの」とアンケートに記入するなど、素材や料理より「調味料の味」にこだわって好き嫌いを語る人も出てきた。「素材を生かす」ために調理を簡略化してシンプルな食べ方をすると語った人たちも、その実態をよく見れば、どんな素材も個々人が「自分好みの味に染める」食べ方になってきているることは見逃せない。

そうして家庭料理では、手間暇かけてみんなが食べる料理を作ることより、家族一人ひとり異なる好みや都合に合わせられることが大事になり、作られる料理も調理機器も調味料も変わりつつある。

みんなで食べる料理を作るための「鍋」「釜（炊飯器）」を持たない家が出てきたり、どんなものでも手軽に個々の好みの味に染めるテーブルユース調味料が（同じ鍋釜の中で調味するために使う）基礎調味料よりも重視されたりするのも、家庭料理の個人化を表しているのだと思う。

振り返ると、かつて何度か浮上した「マヨラーブーム」や「激辛ブーム」なども、どんな素材や料理であっても自分好みの同じ味や辛さに染めて食べたい「個」の嗜好が勝り始めたことを表していたのであろう。特定の味に「ハマる」「ヤミツキになる」のは、個人単位のことである。それは、一つの鍋で調味された同じ料理を食べる共食には本質的に馴染まない、「個」化する家庭食の象徴的現象でもあると私は見ている。

20 食器に表れる家族の変化

家族の変化は食器や箸にも表れている。

家族銘々の決まった食器を持たない（あっても使わない）家がとても目立ってきたのは2000年代の半ば。特に後半になると、「お父さん用」「お母さん用」を始めとする「誰々用」の飯茶碗や汁椀、箸が消え始めた。

例えば、6歳と9歳の子どもがいるある家庭。この家の主婦（40歳）が「ウチではお茶碗もお箸も家族の誰用と決まっていません。ただ、下の子はまだ手も小さいので、この子だけは子ども用の小さいお箸だけど、上の子はもう大人と同じもので決まっていません」と語ったのは2006年のこと。

当時は、そんな「新感覚」の家庭が登場してきたのかと思ったが、実は違った。以前は銘々の茶碗や箸を使っていた家も、あえて使わない方向へとこの頃から変わり始めていたのである。

初回の調査では使っていた家族銘々の茶碗や箸を、10年後の調査では使わなくなっていた家の主婦（51歳）。彼女は2回目の調査時にこう話す。「もともと、私には誰々用って分ける感覚があんまり無かったと思うんです。ただ、子どもが小さかったときは食べる量も少ないし手も小さいので分けていただけで。でも、今は下の子も高校生だから、もうずっと前からウチには誰々用とか決まった茶碗も箸もありません。しいて言えば、いま誰用と決まっているのは子どもたちのマグカップくらいかな」。

この家のように、初回の調査時点では使われていた銘々の茶碗や箸が、2回目の調査では消えていた家は何軒も見られる。新現象は、台頭する若い家庭だけでなく、従来はそうしていなかった中高年の家庭や世代にも、同時多発的に顕在化していくものらしい。

その頃から急増した食器使いの変化は他にもある。

和風の煮物を汁椀や洋皿に盛り付ける家（主婦45歳）や、ご飯も味噌汁もおかずも同じ形の器に盛り付けて出す家（主婦50歳）、同じ料理でも人別にバラバラの器で出す家（主婦37歳）なども複数出て来た。

味噌汁をマグカップや小鉢、スープ用の深皿などいろいろな器で出す主婦（41歳）は、「『味噌汁はお椀』とか『焼き魚は和風の皿』とか、中に入れるもので食器が決まっていたりはしないですね。第一『お椀』なんてウチにはないし、味噌汁っていつもあるものじゃないですから、もし作ったときはそこにあるいろんな容れ物に入れて出しちゃう」と語った。2

008年のことだ。

そうめんやそばのつゆにしか使えない「つゆ猪口」、鍋のときしか使わない「とんすい」、茶碗蒸しにしか使えない「蓋つき茶碗蒸し碗」を持っているのは、もう高齢者世帯だけではないだろうか。少なくとも、この調査の食卓写真にそれらを見ることはほとんどない。主婦たちは「何々にしか使えない食器なんか、置き場所に困るだけだから要らない」と異口同音に言う。そんな感覚が、いまや日常使う「汁椀」や「飯茶碗」にまで広がってきている。

2回目の調査時に魚用の長角皿を使っていた家は、たった数軒しか見られなかった。そのうちの一軒は、12「祖父母世代は、まるで異星人」で語った小料理屋をやっていた義父（78歳）が用意した食卓であったから、現代家庭の食卓とは言い難い。他は「食器集めが趣味」「食器が好き」という主婦（47歳）の食卓などごく少数であった。焼き魚でも煮魚でも、今は汎用性の高い洋皿で出されるのが普通だ。

「割れる食器は面倒くさいから使いたくない」と、季節や料理に合わせてガラス器や焼き物を使うことを嫌い、すべてプラスティックやメラミン素材の食器に替えた主婦もいた。

「洗い物を増やしたくない」という理由で、銘々に取り皿や刺身・餃子などの醤油皿（薬味皿）を出さずに家族で共用する家、小学生や中学生になった子どもの皿や飯茶碗に親が箸を伸ばして一緒に食べたり、一つのお椀で親子が味噌汁を回し飲みをする家や、同じ丼の汁そばを夫婦と子どもが回し食いしていた家さえ複数あった。

昔は自然の「季節」や中に盛り付けられる「料理」や「素材」など対象に合わせて使い分けられていた食器も、今では盛り付けたり洗ったりする「人間」の合理性感覚に合わせて変わり、しばしば食べ手の使い勝手の悪ささえも凌いでしまう。もはや、「同じ釜の飯」を分け合って食べるのが「家族」というより、面倒くさければ「同じ皿」や「同じ碗」で食べる合理性や本音を許容できるのが「家族」であろうか。

今では、スーパーやコンビニで買ってきた弁当や、パックで売られている各種総菜、刺身や納豆・冷奴、ヨーグルトや飲料など、移し替える必要のない食品の増加も器の合理化に拍車をかけている。中には、そんな個包の食品ばかり並べて「洗い物を出さないようにしている」と言う人（44歳）も出てきた。

そして、２０１０年代に入ると、子どもが高校生や大学生以上になっても、お子様用の樹脂製のランチプレート（仕切り皿）（注）を使う家庭や、お父さんやお母さん、おばあちゃんまでも、同様の仕切り皿で食べる家が急増し始めたのである。

大人までそれを使う理由を聞けば、「洗い物が減る」と主婦たちは言う。「食器が1枚で済むから配膳や片付けがラク」「少ない品数でもこれに入れると見栄えがよくなる」と語る人もいる。各自好きな時間に自室やパソコンの前、リビングやテレビの前などに移動して食べる人も増えたため、バラバラな食事の「取り置きに便利」「持ち運びに便利」とも言う。家族みんなで食べる機会が減り、個々の自在性を優先して食器の選び方も変わって来たのだろう。

また、ランチプレートをよく使う家では主食のご飯もそこに盛り付けられるものの一つとなって、飯茶碗さえ無用化し始めている。むろんプレートは持ち上げて食べるものではないから、ご飯だけでなくどんなおかずも箸よりスプーンやフォークですくって食べるものに変わり、「食べ方」の所作やマナーさえ気づかぬうちに変容させている。

興味深いのは、そのランチプレートには、なぜか「お父さん用」「お母さん用」、そして子ども一人ずつに色や模様を違え、パーソナル対応にこだわる家が少なくないこと。汁椀や飯茶碗は「誰用と決まっていない」家も、プレートは別だったりする。

聞けば、それに盛り付けられた食事は「誰々の分」として、個人単位で中身や取り合わせ、量も違っているかららしい。一人分を取り置いたり、別の場所に運んだりする利便性だけでなく、食事の中身もパーソナル対応に便利なのがプレートの食事ということか。かつてお子様用だったランチプレートは、いつの間にか「個」の都合や「個」の自由を尊重する家庭にフィットした大人用食器になりつつあるのだと気づく。

調査が始まった頃、20年くらい前のデータには、大皿に盛った料理（「大皿盛り料理」）をテーブルの真ん中に置いて、みんな揃いながらそれぞれが好きなものを好きなだけ取り皿にとって食べる家庭の食卓光景をよく見たものだ。あの大皿盛り料理は、共食しながらも何をどれだけ食べるかを「個」の裁量に任せた、今日に至る家庭食の過渡期的な姿だったのではないかと思う。

大皿盛り料理も減ったが、大皿を持つ家も減って来た。

銘々の食器を揃え、料理（対象）に合わせて食器を使った時代から、家族が揃いながら個々の自在性を叶える大皿盛りを楽しむ時代へ、そして大人もランチプレートを使ったり器が要らない個包サイズのバラバラの食品を食べたりする時代へと、食器も「個」化していく家族の姿を思わぬ形で映し出している。

（注）「食ＤＲＩＶＥ」調査では、２０１４年には30代・40代親の家庭の半数以上がランチプレートを大人も日常食器の一つとして使うようになっていた。（拙著『残念和食にもワケがある』〔中央公論新社、２０１７年〕参照）

21

「子どもの意思の尊重」という子ども放置

まだ幼い子どもの食事を「子どものリクエストで決める」「子どもが食べたいと言ったものを出す」親は非常に多い。今では多くの家庭で見られるごく普通のことと言っても良い。「リクエスト」と言わず、「子どもの意見」「子どもの要望」「子どもの希望」という言葉を使う人もいる。

例えば３歳・６歳・８歳の子どもがいる家庭。母親（36歳）は朝からバラバラに起きて食べる子ども一人ひとりに「リクエスト」を聞いて、菓子パンや白ご飯、冷凍焼きお握りなど別々のものを出していく。昼食や夕飯も「みんな食べたいタイミングも、好きなものも違っているから」と言って、レトルトカレー・カップ麺・レトルトスパゲティ、冷凍たこ焼きなど買い置きの中から子どもたちに選ばせる。味噌汁の具も子どもによって「食べられないものが違うから」と選《よ》り分けてよそってやる。

そんな手間をかけて子どもたちのリクエストに応える理由を尋ねると、「私は料理が好きじゃないのに、せっかく作って残されるのはイヤだから」「食べる・食べないのイライラするやり取りをしたくないから」「食卓で子どもの機嫌が悪くなるのがイヤだから」と説明する。夫は朝食抜き、夕食も連日「飲み会」や「会食」でほとんど家で食べない人だ。

10年後に会うと、子どもたちは13歳・16歳・18歳の中高生になっていたが、もう誰も家に帰って家族と一緒に食べようとしなくなっていた。それぞれ「自分の食べたいもの」を外で食べて来たり、買って来たり。家では、カップ麺やメロンパン、カレー、レトルトパスタ、そしてコンビニのお握り、ポテチ、唐揚げ、コロッケなどの中から「好み」の「同じもの」ばかり繰り返し食べている。母親の説明では、3人とも「好き嫌いがとても多くて」、「野菜を食べない肥満の子」や「栄養はサプリで摂ることにしている子」になっていた。

そんな食生活になったことを彼女はこう話す。「子どもが小さい頃は私が出したものを厳しく食べさせようとしてきたのに、(今は)成長してそれぞれ自分の世界ができたからだ」と。だが10年前のデータにその事実はない。子どもたちは「自分の世界」ができるずっと前から、自分の好きなものだけバラバラに食べていたと思うが、母親の記憶は違った。

そして、彼女は「食べるか食べないか、何を食べるか分からない人たちの食事はもう用意したくはない」と家族に宣言し、心は外の「私の楽しみ」に向かっていた。

たまに家族の誰かが食卓に同席して食べることもあるが、写真データを見れば「一列に並んで」一向かい合わずに別々のものを食べる食卓光景。それは、「食べ物」だけではない、家族の交わらない関係を表しているようにも見える。

また別の家。子どもたち（6歳と10歳）の朝食の与え方について母親（35歳）はこう説明する。

「私がその辺にあるものを『これ食べる?』『これ食べる?』みたいに言って、子どもが『食べる』と自分でチョイスしたものを前に『置いていく』感じです」。夫婦は独身時代から朝食の習慣がない。その写真を見ると、シリアルやコンビニのお握り、菓子パン、ヨーグルトなどがその時々それぞれの前に「置かれて」いる。

昼や夜の食事も「毎日毎日、料理するのは私も面倒」だし「作っても食べないと私がイヤだから」、ファストフードの外食や、一人ずつ異なるレトルトのパスタやカレー、ラーメンの食事が繰り返されていた。だが、どれも子どもが自分でチョイスしたものだから、トラブルはない。

10年経つと、この家族も個々バラバラに「自給自足」「セルフサービス」の食事をするようになっていた。

大学生になった長女は無断外泊・深夜帰宅でそもそも家で食事をすることがない。高校生の次女もアルバイトだと言って深夜まで帰宅せず、やはり家ではほとんど食事をしない。

二人とも、何かに「ハマって」飽きるとまた次のものに「ハマって」という似た食べ方をすることを、母親は「今の若い子は」と不思議そうに話していたが、データを見るとその

「チョイス」の仕方も、「ハマって」飽きると次のモノに「ハマる」食べ方も、10年前と全く同じだった。

そんな食生活について尋ねると、「今はコンビニにいろいろな総菜もあって美味しいし、食べたい時に食べたいものを買えて便利だから、子どもたちだけじゃなく主人や私の夕食もそれぞれ一人分を買いに行くんです。私はもうサボりまくりでー」と笑う。

休日の過ごし方も「それぞれ勝手に起きて、勝手に自分の分だけ買ってきたり、食べたり食べなかったりして、出かけて行く」そうだ。「私は子どもに任せているので」という言葉と「私も面倒くさいので」という言葉が何度も出て来たのが印象的だった。

その夫は職場の健診で毎回食生活についていくつもの注意を受けていたが、彼女はそれも「自己責任」だから、「任せて口出ししない」と言う。

2歳・3歳・6歳の子どもがいる別の家でも、母親（33歳）はずっと子どもたちの希望を聞いて食事を出してきた。だが、幼い頃は「パン食べる?」と聞くと素直に「うん」と言ったのに、「パン食べる?」と聞いても「ご飯がいい」と言うなど「だんだん、私の思い通りにならなくなってきた」そうだ。

そこで、彼女は「それならもう、こっちから用意してやることはない」と考えを変え、「子どもたちに『自分勝手』にさせることにしたんです」「だって、その方が逆に私もラクだし、子どもたちも自分のやりたいようにできていいだろうと思った」と語る。

10年後のデータを見ると、子どもたちは小学生と中学生になっていたが、「自分勝手」に食べる朝食は親より粗末で、しばしば欠食もしていた。朝のパンも焼ける子は自分で焼いて食べていたが、おかずも飲み物もない。欠食をして学校に行く子がいても「別に要らないんだったら、こっちがしつこく聞いても……」と母親は意に介さない。

昼食や夕食も「自分自分、勝手に買ってきたり簡単に作ったりして食べることが増えた」そうで、それを「長男が中学に入って部活が始まってから」と説明する。「それまでは、私が用意したものをずっと、みんな一緒に食べていた」とこの母親も言うが、10年前のデータにその事実は見当たらない。

「自分の食事は自分で用意する」家族たちは、たまにキッチンで重なることがあっても「お互いにヒトの食事には一切手を出さないし、口も出さない。次男は自分でウインナーを炒めて食べ、長女は自分で焼きそばを作る……という感じ」。「私も見ないようにして、聞かれないのに教えたりしない」「私は言われたことだけする」と、その自律的でクールな関係をむしろ誇らしげに語っていた。夫は痛風で治療中だが、その食事についても誰も「構わない」「何も言わない」のである。

そして、「親も子も（子どもの成長とともに）自分たちの世界が広がっていくのだから、一緒に食べなくなるのは仕方ない」「子どもが自分のできることが増えていくのは良いことだと思う」と母親は歓迎し、自身も趣味活動で忙しく外出していた。

子どもたちが小学生（6歳・9歳）のうちから「ウチの食事は、申請式」と決めていた家もある。パンやサラダ、味噌汁や納豆も、食べたいと「申請」した人にしか出されない。だから、親も子も大抵バラバラなものを食べている。

データを見ると子どもの「申請」する食べ物の偏りが気になったが、この母親（40歳）も「その人が食べたくないときに出しても残されてムダだから、こちらから栄養や健康のことを考えて出したりはしない」と子ども任せの姿勢である。

だが10年後に会ったとき、彼女の言うことは違った。現実の食卓は「申請式」どころか、それぞれ自分の食べるものだけ自分で賄うセルフ食になっていたが、彼女も「こんな家族バラバラな食事になったのは上の子が中学に入って部活が始まってからです」と部活を原因として語る。

大学2年の長女はもう部活もしていなかったが、外泊・深夜帰宅ばかりで、家で家族と食事をしたのは1週間の調査期間中1回だけ。親も「何時に帰ったか、どこで何を食べたか、私も一切関知していないので」とあっさりしている。

そして「たまの外食なら子どもたちも揃うから、家族はそういう機会にたまにみんなで食べれたらそれでいいと思うんです」と言う。みんなが揃うその外食先が、いつも「それぞれ自分の好きなものを好きなだけ食べられる回転ずし！」というのもとても頷ける。

子どもの希望やリクエストに応えて用意される食事、そう聞くと私たちはとても子ども思いの優しい食卓を想像してしまう。だが実態を見れば、子どもが食べたいと言ったものを作ってあげるために尋ねているケースは、ごく稀である。

子どもが病気で食欲がない日や、誕生日など子どものイベントの日にも、「何でも作ってあげるから言って」という意味で子どもにリクエストを聞く話も近年あまり聞かない。増えているのは、「それを買ってきてあげる」話や「それが食べられる店に連れて行ってあげる」話。そして、バラバラのリクエストに応える食卓には、その是非は別として、必然的に簡便食品や出来合いが増え、手作り料理は少なくなる。

子どものリクエストで用意する親は、どの人も「子どもの自由や好みの尊重」と「子どもの自立教育」を語るが、同時に「作っても食べないと（私が）イライラするから」「（私の）することが無駄になるから」「（私が）面倒くさいから」「（私が）疲れるから」と、実は自身の気持ちも強く働いていることは見逃せない。「そのほうが（私が）ラクなんです」と言うのも正直な気持ちであろう。

まだ幼児期の子どもに苦手な野菜や魚を与えないことを「リクエストがないから」「意見を尊重しているから」と語る親たちも少なくない。

データを見ると、リクエスト対応の食事は大抵時間のない「朝食」から始まって、昼食、そして夕食へと拡大していき、子どもが小学校高学年から中学に上がる頃には自分の食べるものは自分で調達する「セルフサービス型」「自給自足型」に形を変えていく。

子どもたちが自分で食べられそうなものを探して食べていくことを「漁っていく」という言葉で表現する親（54歳）たちも出てきた。

私の調査では特に2003年頃から急増し、（多少の強弱はあるものの）以降は全調査対象家庭の7〜8割の親が「基本的に」あるいは「ほぼ日常的に」自分の家庭はそうなっていると語るようになった。すでに一般的な子どもの食事の与えられ方になっていると言って良いだろう。

その結果起きる問題として、よく懸念されるのは子どもの「欠食」や「一日三食の乱れ」「栄養の偏り」などであろうか。中には「子どもの食経験が偏るから、小学校の給食が始まる前に冷凍食品や市販総菜でいろんな料理を見せたり食べさせたりしておかないと、学校の先生から注意されるわよ」というのが、ママ友の間で伝播されている重要情報だと教えてくれる人（41歳）もいた。

だが、本当に重要なのは「食べ物」自体より、食べ物をめぐる親子の関係。そして、そのような食事の与えられ方がもたらす子どもの心への影響ではないかと私は思う。リクエストや希望を聞かれながら、子どもたちはいつの間にか、そうする親の自分に対する心を見ているような気がする。

22

「リクエスト食」育ちの子どもたち
――その後の姿

やがて成長した子どもたちが、親から「リクエスト」など聞かれなくても自分で買って来たり、外で食べてきたり、自分で作ったりするようになるのは、当然の流れだ。「みんな自分の食べるものしか買ってこない（作らない）」「誰も他の人の食事や健康には関心がない」家族になっていくのも不思議ではない。そして、良くも悪くも「食とは個人単位のものだ」と認識するようになっていく。

ある母親（35歳）は、「小さい頃から子どものリクエストを聞いて出していたら、娘は9歳くらいから食べたいものは朝から自分でコンビニに買いに行くようになった」「食事も生活も、一人で自分の好きなことをするようになった」と、それを子どもの自立や成長の証《あかし》のように話していた。彼女もそれに合わせて「子どもたちが自分一人でできるものを買い置くようになった」そうだ。

さて、ここで「序文にかえて」に書いたあのA家を思い出してもらいたい。

子どもに朝食を作らず、子どもに抗議されて朝食を作った日はまるでお仕置きのように子どもを正座させて食べさせ、子どもがベソをかいた家だ。この母親（36歳）も「子どもの自主性や好み」を尊重して、「自分のことは自分でできるように」と語っていた。

10年後、子どもたちは18歳の高校生と20歳の大学生になり、母親は癌になって治療中だったが、彼女いわく「誰も家の手伝いはしない」。それどころか、子どもたちは家で食事を作ることも食べることもしなくなって、それぞれアルバイトをしながら外食ばかり。「私からメールしてもスルーして連絡がつかない」そうで、「1週間くらい平気で帰ってこない」と母親は嘆く。調査の1週間も、子どもたちは無断外泊・深夜帰宅が多く、ついに一度も家族揃って食事をすることはなかった。

毎日の食事記録を見ても、子どもたちの食事は「どこで何を食べたか」どころか「どこに泊まって、何時に帰ったか」も、「分からない」「不明」「～した模様」「～だったらしい」と不確かな記述ばかり。

そんな娘との関係について尋ねると、母親は自分に言い聞かせるようにこう語った。「別に喧嘩してるわけじゃないですからね、今の時代、そんなものかなって思って」、1週間くらい帰宅しなくても、彼女は「特になにも言わない」そうだ。「犯罪を犯して警察に捕まっているわけじゃないですから、理解して娘の気持ちに寄り添ってあげたいかなと思って」。

こんなとき、「寄り添う」という言葉をよく聞くようになった。

子どもたちは10年前に彼女が望んでいたような形で「自分のことは自分でできる子」になったと言えるのだろうか。夫もまた自分のことしかせず、病気の妻にも子どもにも無関与であった。

もう一軒、「序文にかえて」に書いたB家。夏休み中の子どもたちの昼食を用意せず「子どもの好みを尊重し」「子どもの将来に向けて、買い物と自立の練習をさせている」と言って、母親（42歳）はリクエストを聞くどころか、毎日子どもたち自身に買いに行かせていたあの家はどうなっただろうか。

10年後に子どもたちは17歳・19歳・20歳の高校生・大学生に成長していた。調査期間中、長男は大学の部活合宿で不在だったが、次男と三男は「家に帰っても食事はないものと思っている」ので「それぞれ自分で作ったり買ったりして、別々の時間に勝手に食べる」生活になっていた。

簡単に作れる焼きそばやパスタ、チャーハンやラーメン、そしてコンビニで買ってきたものを毎日それぞれ好き勝手に食べている。母親は「私は全然、子どもたちにお任せなのでー」「もう『勝手に自分でやってー』と言って……私は、特に何もしない」のである。自身の夕飯もお腹が空かなければクッキーやお菓子で済ませ、お腹が空くと自分の分だけは作るスタイルだ。

「長男と次男は二人とも無断で外泊することもあるけど、こちらからは連絡をしない」「長男は身体検査で数値にいくつか問題が出ている」「次男はかつて肥満なのに吐きながら食べていた時期もある」「三男は引きこもりで今も部屋から出てこないし、家族とも口を利かない」……などの話も出てきたが、それらについても彼女はこう説明する。

「小さい頃は私が手作りした同じものを兄弟揃って食べていたから、ウチの子はおかしくなるはずがないんです。今はただ、自立する準備段階の勉強をしているちょっと難しい時期なだけなんです」。10年前も今も、日常の食事を子どもの「勝手に」「お任せ」して「自立」のための練習や勉強をさせ続けている、その途中なのであろうか。母親は、地域の「子育て指導員」をする人であった。

リクエスト食で育った子どもや、バラバラ勝手な自給自足の食（セルフ食）で育った子どもたちは全員が家に寄り付かなくなったり、親との関係が希薄になったりするとは言わない。しかし、3項「家に帰らない子、子どもを待たない親」で取り上げた28人の子どもたちを見ると、そのほとんどすべてが、幼い頃からここに書いたようなリクエスト食で育ち、少し大きくなると自分で買いに行ったり、自分で冷蔵庫や食品ストッカーから出してレンチンしたりして食べる〝自給自足〟の「セルフ食」育ちであったことは、ここに記しておかなければなるまい。少なくとも、それ以上に目立つ共通点はデータに認められず、よく言われるような「家庭の貧困」や「親の多忙さ」「複雑な家庭事情」との関係も、確認できなかった。

また、母親たちはなぜか「子どもが小さい頃は、私が用意した同じものを一緒に食べてきた」と言い、記憶が事実と異なるケースが多かったのも実に不思議である。だから10年後に家族バラバラの食事になった原因も、家庭の内側にはなく「学校の部活」など外部のせいだと語る人が多かったのかもしれない。(17「家族共食を蝕むブラック部活とブラック企業」参照)

だがデータから見る限り、学校の「部活」はそのような家庭にもわずかに残っていた共食機会を決定的に奪うきっかけとなりやすい、ということではないかと私は考えている。

いずれにせよ、「リクエスト食」「セルフ食」増大の背景には、家庭の食事作りにおいて親(作り手)が「何を食べさせてやりたいか」子どものことを考え、無駄になるかもしれない手間暇をかけて用意してやるよりも、最小限の手間で個々の嗜好に応え、自分が無駄をしたくない合理性を指向するようになっていることが強く影響しているように見える。

その結果、子どもの成長とともに一層「バラバラ」になっていく家庭の食事。それもまた、二度目の調査依頼に対する断りの理由としてとても多かった「家族に何を食べたかなんてとても聞けない」「家族の食事などとても記録できない」という言葉に繋がっていたのだと思う。(7「10年後、5組に1組の夫婦が破綻」参照)

第5部

誰もが「自分」は譲れない

23

人に口出しされたくない

食生活や健康管理についても、家族に「言われたくない」「言いたくない」人たち。その内容が「正しいかどうか」「自分や人のためになるかどうか」もあまり関係ない。人に口を出したり出されたりするのは、家族間であってもその人の個人的領域に踏み込むようなはばかられることになってきたようだ。

同様のことは、子どもたちの学校で行われる「食育」に対する母親たちの反応にも見られる。この調査では、食育が始まった年（２００５年「食育基本法」制定）からずっと幼稚園や学校の「食育」について母親たちに感想を尋ねてきた。

その結果を見ると、無関心であまりよく覚えていない人が約3割、そして約6割の人が感情的反発や何らかの不快感を示している。学校で話を聞いた後、「大切な問題だと改めて思った」「言われたことを私も心掛けていきたいと感じた」など共感を示した人は約1割と、ごく少数。学校の事後アンケートには「ためになった」「心掛けたい」と書く人が多くても、本音は全く異なる。

不快感を示す人々は、「そういうことを学校から私にどうこうしろとか言われたくない」と、先生や栄養士から自分の家のことを言われることに抵抗感を示す。理由は「ちゃんとできている私にそういうことを言わないで。できていない他の人たちだけに言ってほしい」というものと、「言われてもやるのは無理、だから聞きたくない」というものと、二つに大別される。

だが、本人が「できている」と思っていようが「やるのは無理」と感じていようが、不快感を示した人々の家庭の食卓は、その実態を見る限りあまり褒められる状態にはない。いずれも多くの場合「できている」とは言い難く、まさに食育が正そうとしている子どもの欠食をはじめとして栄養の偏りなど問題点も多い。また無関心な人々の家も必ずしも良好とは限らない。そして、なぜかきちんとできている家の人が食育に共感して「大切な問題だと思った」「私も心掛けたい」と話すのも興味深い。

ともあれ、こんなところにも自分がしていることについて「人に言われたくない」という彼女たちの強い抵抗感が認められる。しかも調査年を追うごとに、それは間違いなく強まり、感情的にさえなってきている。人から注意や指導を受けたり、(頼みもしないことを) 教えられたりすることへの受け止め方が、いつの間にか変わってきているような気がする。

家庭で料理を習ったり伝承したりする場合も同様。いまは夫婦でも親子でも、一緒に台所に立って料理を作ったり教えたりすることがほとんど行われなくなっている。お手伝いだって「好きにさせてあげる」ものであって、親の都合でさせるものでも親のやり方を教えるものでもなくなっていることは、すでに書いた通りである。（6「させてあげる「お手伝い」とその結果」参照）

主婦に結婚前の料理経験について尋ねると、「母親の手伝いくらいはしていた」と言う女性は近年（2015年以降）約2割。しかし、具体的に聞くとそのほとんどが皿を並べたり、鍋をかき混ぜたり、エンドウ豆の筋をとったり、餃子を包んだりすることを「やりたがると、たまにさせてくれたことがある」「横で見ていたことがある」と、「手伝い」とは言えないような内容ばかりで、驚かされる。

今は、「結婚まで母から料理は全く教わらなかった。今も実家に行って一緒に台所に立つことがあっても別のことをしてお互いのすることに一切手を出さない」（43歳）、「母はよく料理を運んできてくれるけど、それを教わって自分が作ろうと思ったことは一度もない」（44歳）、「母がよく作っていた料理でも、私の好きなやり方でするから母に聞くことはない」（41歳）という人がほとんどである。たとえ母親がよく食べさせてくれた料理を作ろうと思っても「私は母に聞かないでクックパッドとか見て作るし、娘や息子も私に聞かずにレシピサイトを見て作る」（52歳）と言う。

ましてや夫の実家に行ったときの光景は、ひと昔前とは全く異なる。

「一緒に台所に立つと、自分の思い通りにできなくてやりずらい。向こう（義母）も同じだと思うので（手伝わずに）遠慮している」（40歳・47歳）、「あちらにお邪魔したら、出過ぎたことはしたくないので、しゃしゃり出ないように台所とか手出ししません」（33歳）、「お母さま（義母）にはお母さまのやり方があると思うので、お任せして座っています」（41歳）などが近年よく聞く主婦たちの発言だ。気が利かないのではなく、義母が自分のやり方を通せるよう彼女たちなりの気遣いでもある。その根底には「（自分なら）人から口出しされたくない」思いがあるが、それが義母世代に伝わっているかどうかは疑問だ。

中には、義母の家で手料理を美味しそうに食べていたら義母が作り方を話し始めたため「引いてしまった」（52歳）主婦もいた。「義母は料理の作り方を勝手に私に説明しているつもりのようだったけど、言われても私はその通り作ろうとは思わないし」と、その行為に戸惑い、迷惑そうに言う。

だから、大晦日や正月、どちらの実家に行っても、主婦たちは一緒に料理を作ったり実母や義母から習ったりすることはほとんどない。多いのは「分担・持ち寄り」か「親任せ」でご馳走になるスタイル。ある主婦（45歳）は「持ち寄り」で担当することになった正月の煮物の作り方が分からず、ネットで調べてようやく作ったとその苦労を話してくれた。「なぜお母さんに聞かなかったの？」と尋ねると、「えっ、確かにー！ 親（義母）に聞くなんて、全く、思いつきもしなかったー」と意表を突かれたように驚いていた。

これではたとえ二世代が同居し、仮に仲良く食卓を共にしていても、料理の伝承や教え合いが衰退していくのは当然だ。同じ料理でも、親世代の言う通りに作る子ども世代はごく少数で、受け手が「私のやりたいことだけを私の好きなやり方で」（50歳）作るようになるのが今どきの「伝承」ということになる。

若い世代では料理の本や雑誌を見てその通り作る人が減り、クックパッドなどインターネットのレシピサイト、動画サイトへと転換しているが、その理由の一つは、「私の知りたいところだけ」摘まんで「自分のやりたいように」作り方も私中心で選べるからだと言う。料理の作り方の情報源が本や雑誌からネットへ転換したとはっきり認められるようになったのは、データでは2009年前後であった。

「私は人に指示されるのがイヤなので、自分勝手にやって、その結果できる感じがいい」（41歳）と言った人もいる。そうしてできた（アレンジ）料理を、彼女たちは「自分製」「自分流」「私流」などと呼ぶ。メニュー表を見ると、「自分流オムライス」や「自分製焼きそば」があり、「私作スパゲティ」や「私製チャーハン」などの記述も2015年前後から急増している。調査が始まった二十数年前は「我が家流」とか「○○家風」などと書いてくる人がいたが、いつの間にか「（我が）家」という概念が希薄になって、「自分」「私」になってきたのも面白い。その家に伝わる料理が消えて、家庭料理も人それぞれ「個人」の好きなやり方で作られるものに変わってきたからだろう。

かつてはそれを「自己流」「我流」と卑下して語ったものだが、「個」の自由を尊重する時代にはそんな言葉も、むしろポジティブな意味に変容しつつある。「自分の思い通りに」を強調する発言も増えたが、その意味も「自分が望んだ通りに」「自分が思い描いた通りに」ではなく「(言われたことや、決まったやり方に従わず)自分の好き勝手に」へと変わってきている。

他人の言うことや外の情報を鵜呑みにすることなく、一人ひとりが自主性を持って考えたり判断したりすることはとても大切だが、「人に言われたくない」「自分の好きなようにしたい」心は、それとは全く別の方向へと進展し、古くからの「伝承」の意味や価値、そして中身も大きく変えつつある。

24

お教室の変化
――みんな「教える人」指向

習ったり教えたりすることの変化は、家庭内だけに起きているわけではない。主婦たちが通ったり自ら開いたりする各種習い事や教室にも変化が起きている。

料理教室はすっかり変わってきた。基礎から「正しいやり方」をしっかり教えてくれるようなところは、プロを養成する調理師専門学校等を除いて、あまり人気が無い。

「料理教室に通っている（通っていた）」という主婦たちに尋ねても、彼女たちが利用するのは（かつて家庭で教えられていた米の研《と》ぎ方や味噌汁の作り方など）基礎の基礎から教える教室や、市販の商品を活用した簡単料理を教える教室、上手な「手抜き」の方法や本来のやり方とは異なる「裏技」を教えてくれる教室など、時流に合わせたところが人気だ。

「作り方」を丁寧に教えてくれる教室であっても、生徒に実践させながら「できるように」指導するとは限らない。インタビューでよく聞くのは、先生が説明しながら生徒の前で作って見せ、生徒はギャラリーのように見学するスタイル。そして、出来上がった料理を「みんなで楽しく語らいながらいただく」「帰りに先生の作った料理をお持ち帰りする」、サロンのような「お教室」が人気だ。通う主婦たちは指導を受ける生徒というより、ホームパーティに招かれたお客様のようだ。

そんな「お教室」の居心地が良くて10年以上通い続けていると言う人（49歳・56歳）もいたが、「持ち帰った料理は美味しくいただくけど、それを家で作ったことはほとんど（一度も）ない」と笑う。彼女たちほどではなくても「教わった料理を家で作った」話を聞くことは少なく、「サロン的な雰囲気」や「そこでのおしゃべり」を目的とする人が増えているのも事実だ。

ましてや、教室で習ったものを自らの「得意・自慢」料理に加えた人は近年（２０１５年以降。アンケートの「得意・自慢」料理（複数回答）を挙げた人の）６％とごく稀であるし、それが家庭の味となって定着した話もほとんど聞かない。

教室で習ったものが家で作られるようになることの多い珍しい料理としては「手作りパン」がある。２０００年代前半の調査には「パン教室に通っている」人が一気に浮上して驚いたものだ。「パンを手作りする私」や「家でパンを焼くような暮らし」への情緒的憧れとともに「もう市販のパンには戻れない」と話す人も少なくなかった。

だが、その数年後の２０００年代後半には「ホームベーカリー」と呼ばれる「パン焼き機」ブームが到来。パン教室に通う人はパン焼き機でパンを作る人たちにとって代わり、それを「手作りパン」と呼び、「焼きたてのパンの香りが漂う暮らし」を誇らしげに語り始めたのも忘れられない。

そして、そんなふうにパン教室で習ったりパン焼き機を利用したりして、自家製パンの良さを語っていた人たちも、10年後に継続していた人は一人もいなかった。理由を聞けば、一様に「飽きた」と言う。出来上がったパンの味よりも、「パンを手作りする私（パンを家で焼くような暮らし）」への満足感から「醒めた」と言っても良いかもしれない。今では料理教室やパン教室に行く人の目的も、その後の活用も、すっかり変わってきたと言って良いだろう。

さらに近年は、主婦たちの「稽古事」「教室」をめぐって新しい特徴が表れ始めている。かつては、テニスやバレーボールなどのスポーツ系、エアロビクスやヨガなど美容・健康系、家を飾る皿（ポーセリン）や置物、装飾品の手作り・手芸系が目立っていたが、2010年あたりから別の習い事が台頭してきた。

習う対象は、収納・片付け、子育て、食育、薬膳、フットケアやリンパマッサージなどの各種美容・健康法、フラワーアレンジメント、着付け……など一見多種多様だが、従来のように自身の生活のためではなく、「指導員」「アドバイザー」「インストラクター」の養成講座と銘打つものが急増している。

初心者であっても最初から指導者養成講座（教室）に行き、「指導員」「アドバイザー」「インストラクター」の資格取得を目指す。そして、それらのコース（必ずしも長期ではなく、数日の場合もある）を終えると、アンケートの「職業欄」にそれをいくつも書いてくる人も増えた。実際にプロとしてその仕事をしているか、わずかでも収入があるか、はあまり関係がない。中には講座と物販が抱き合わせになった危うい資格講座に通う人も見られるが、「指導員」「アドバイザー」「インストラクター」を名乗れることが習い事の一つの目的になってきたのは見逃せない。学校の食育に抵抗を示しつつ、「食育インストラクター」「食育指導員」の養成講座の人気は高いのも奇妙であった。

人に口出しや指図をされたくない、自分の好きなようにやりたい……そんな心と、人に指導や助言を与える人になりたい志向が同時に、あるいは同じ人の中に高まっているとしたら、とても興味深い。なんだか自分の歌を歌いたい人ばかりで人の歌を聞きたい人がいないカラオケルームにも似ているが、それもまた「個」の主張や表現の一つの形であるのかもしれない。

子どもたちのお稽古事も「自由に楽しく学べる」ものが人気で、「基礎や心得からしっかり指導する」ところや「家庭で練習を求める」ところは、ずいぶん前から人気がない。

バレエを10年以上続けている子ども（19歳）を持つ母親（54歳）は、「娘はずっと下手なままだけど、上手くならなくても本人が楽しくやれているならいい」と言い、別の母親（45歳）は「息子（小学生）はせっかく空手に憧れて道場に行ったのに『礼節』を言われて、それがイヤだと言ってやめた」ことに共感を示し、楽しくない「礼節」の指導に不満を述べていた。

データを見ると、初回調査時点の習い事を10年後も継続していたバレエの女の子のようなケースはごくごく稀である。中には、初回の調査時に「剣道」「絵画」「ピアノ」「英語」「水泳」「ラグビー」「サッカー」とたくさんの習い事をしていた子ども（８歳）もいたが、10年後に続いていたものは一つもなかった。20年後に28歳になっていた彼は、「習っていた運動にもピアノや絵も英語にも関心がなく」、ＩＴ関係の会社のサラリーマンになっていた。

「全部、無駄な投資だった」とその母親（56歳）は嘆くが、彼女のように「無駄だった」と考える親も実は稀だ。今は子どもの早期英才教育を目指す親も珍しいが、習い事によって何かを身につけさせることより、子どもたちが「その楽しさを味わえたこと」「その世界や雰囲気に触れられたこと」を評価するのは、自身の習い事と同様である。

「私は、お教室モノが好き」と言った主婦（44歳）もいた。彼女は何かを深めるより次々といろんな教室に行くことが趣味で、そこには「マニュアルを覚えていくと、〝できる〟ような快感がある」と語る。「でも、習ったことを日常生活で使うことはないから、すぐ忘れるんですよね」「育児と料理はマニュアル通りにならないからストレスで母任せです」と話す。彼女自身パソコン教室の先生をしている人だった。

今は主婦も子どもたちも、仕事のやり方を誰かに口頭で指図されたり教えられたりするよりも、決まった「マニュアル」のあるアルバイト（パート）先が良いと言う。マニュアルに従うのと人の指示に従うのとは全く別のことで、後者はストレス。しばしば「パワハラ」のようにさえ感じかねない、と言う。

「人に言われて人の言う通りにしたくない」「私の好きなようにやりたい」、そんな「個」を主張する時代になって、大人だって人に指導され言う通りにさせられる人間関係は苦手になってきた。家庭だけでなく、習い事や仕事の現場にもその変化は表れているのだと思う。

25

「私一人の時間」が欲しい

「家族と離れて一人になりたい、私一人の時間が欲しい……。私だけじゃなくて、友達もみんなそう言っていますよ」。２回目の調査でインタビューの席上、しみじみとそう漏らした主婦（47歳）がいる。

新しいマンションを購入した話や夫とグアム旅行に行って来た話などを楽しそうにしてくれたあとで、「私は一人で海外旅行とか行ったりできない人ですからね、困るんですよね。でも本当は……」と話し始めたのである。決して夫婦仲が悪いわけでも、孤独が好きなわけでもない。

「一人になりたい」「私一人の時間が欲しい」、確かにこの言葉を私は10年後の調査時にほとんどの主婦から聞いたと言っても過言ではない。続出するようになったのは、２００８年以降のことだ。

「家族がいる家の中では気が安まらなくて、自分が自由でいられない」（45歳）、「家族がいると家に居ても落ち着かなくて、寛《くつろ》げない」（39歳・43歳）、「家族がいるとゆっくりできないから、早くみんなに出かけてほしいと思う」（41歳）とも言う。「家族と食べる食事は仕事みたいで楽しめないから、一人で食べたい」（52歳）、「食事は家族が出て行った後に、私一人でゆっくり食べたい」（41歳）と、一人食を望む声もよく聞く。

「一人」になって、主婦たちはどんなことをしたいのか。

聞くと「一人でショッピングセンターや街を歩き回る」「友達とランチや飲み会、カラオケに出かける」という人や、「スポーツクラブやヨガ教室、ダンス教室で身体づくりをする」「エステやネイルサロン・マツエクで自分磨きをする」「趣味の習い事やお教室に行く」と言う人もよくいる。近年は「アーティストの推し活・ライブコンサート巡り」を挙げる人も目立ってきた。

理由は「自分のために、自分を優先して生きたいと思うから」（44歳）とか「自分の時間や心のゆとりはとても大切だから」（50歳）、「自分の楽しめる時間は料理や家事より大事だから」（41歳）……と説明される。「そのために『自分が夢中になれること』をもっと探して、自分の時間を大切にしなければ」という発言も何度か聞いた。何か夢中になっていることを実現するために「自分の時間」が欲しいというより、自分の時間を大切にするために「夢中になれることを探す」人も増えた。

こうした指向と関係するのか、主婦が仕事復帰する動機にも似たような発言をよく耳にするようになった。アンケートで尋ねると「子どもの教育費や住宅ローンなどの経済的事情」「特技や資格を生かしたい心」「空いた時間の有効活用」等を語る回答が多いが、インタビューで聞くと、同じ人から別の本音が出て来る。

いわく「本当は家族や家計のためではなくて、自分の世界・自分の居場所・自分の自由のために仕事を始めたんです」(41歳)、「実は、子どもが成長したら空いた時間を有効活用したいというより、私が夢中になれるものを見つけたくて仕事に出たんです」(41歳)等々。「子どもと一緒にいる束縛から逃れて、自分を取り戻したかったから働き始めた」(34歳)、「義母と同居で家の中で一人になれないし、自由に出かけるお金も欲しかったからパートに出た」(47歳)、「本当は、家のローンより買い物やエステなど自分のために自由に使えるお金が欲しくてパートを始めた」(48歳)、「別の自分、別の顔、別の居場所が欲しくて、パートを探した」(44歳)……。

正社員より、あえてパートタイマーを条件に求職活動した理由を「フルタイムでは『私の時間』を有意義に過ごせなくなるから」(46歳)と話す人も複数いて、主婦の就労動機にも「私一人の時間」指向の影響が無視できなくなった。

専業主婦指向の人からも、同じような話を聞く。従来のように「家庭指向」の人ではなく、「自分一人の、自分の自由な時間があるから専業主婦を選んだのであって、家事が好きなわけでも家の中にいたいからでもない」と言う人(44歳)はすでに多数派である。

専業主婦と働く主婦、その選択の方向は反対に見えて、どちらも家族と離れた「自分一人の時間」「自分の自由な時間」を獲得することを目的に判断するようになっているとしたら興味深い。

主婦の「自分一人の時間」指向は、特に40代から急増する。「自分の時間を家事や育児のために取られたくない」（40歳）、「休みの日まで料理なんかで私の時間を家事で使いたくない」（41歳）、「家族のために犠牲になる家事の時間が苦痛」（45歳）と、40代になると多くの主婦が家族や家事のために使う時間への抵抗感を語り始める。

それを何とか制御しようと、「5時までは家のことを考えたくないので、それまでは自分のことだけやる」（44歳）、「私はもう週末は家事をしないと決めた」（49歳）、「私は数年前から夕飯は作らないことにした」（51歳）と、具体的に家のことをする時間や曜日を限定する人や、「家事辞める宣言」「脱お母さん（脱主婦）宣言」をする人が出てくるのも40代が多い。

それを単純に主婦たちのわがままや甘えとは言えない。何度か触れたように「家の中に他の人のことをするのは私しかいない」「夫も子どもも他の人のことは何もしない」家族の現実があり、その中から最後に噴き出した主婦の変化でもあるからだ。

ただ、調査データを精査すると、それを強く訴えるのは、なぜか家事や育児に忙しく自分の時間を確保し難い主婦ではない。むしろ祖父母が同居ないし近所に住んでいて、その支援を受けられる人に多いのである。

特に、活動に時間やお金がかかり地方遠征もある「ファンクラブ活動（推し活）やライブコンサート巡り」をする主婦たち（18人）は、その過半が結婚後も祖父母に日常的な家事支援を受け続けている人たちであった。彼女たちもまた、コンサートで「日常とは別世界の中で」「非日常な自分に浸り」「現実を忘れて」「ストレスを発散し」「本当の自分を取り戻す」と、その魅力や必要性を口々に語るが、彼女たちがとりわけそれを必要とする状況にあるのか、その活動時間を確保しやすい境遇にあるのかは分からない。そんな主婦の活動は２０１０年代に入ってから急増している。

ブログやインスタ、フェイスブックなどについて近年主婦が語ることも、「本当の私」指向や「私一人の時間」指向と関係することが多い。いわく「ブログは唯一『私の世界』が持てる場所だから、あそこに子どもや家族のことは書きたくない。書きこむのは私の趣味や私の好きなことばかり」（41歳）、「インスタとかラインも夫にはあえて開示しない、『別の私』や『私のプライバシー』は大事だから、それを家族に見られるなんてイヤ」（40歳）、「家族とのグループラインはうざったい。お互い共有したり干渉し合うのもイヤ。家族はなんでも一緒なんて、気持ち悪いじゃないですか」（48歳）という声も近年増えてきた。そして、主婦同士の飲み会やママ友ランチの会話でも、あえて「家族のことは話さない」家族離れが顕在化している。

だが「一人になりたい」「私一人の時間が欲しい」と言い、「家の外に出て自分を取り戻したい」と感じるのは、いまや主婦だけではない。

居間で家族と同じテレビを見て一緒に楽しむよりタブレットやスマホ片手にバラバラに部屋に籠る夫や子どもたち、夜遅くまで街や公園で過ごして家族と過ごす時間を避ける子どもたち、まっすぐ帰宅せずカフェや飲み屋で自分の時間を確保しようとする夫たちの心も同様であろう。

「帰宅後も家族一緒にいるよりみんな自分の部屋で自分の好きなことをするほうがいいと思う」（47歳・59歳）、「休日も私は友達と買い物、夫は趣味の会、子ども（中学生）は部活。みんな『個人』で出かけたほうがいい」（53歳）と「別行動」を指向する家族、そして「子どもも親も『自分の世界』が大事になると、家族は邪魔になる」とズバリ言い切った親（45歳）さえいた。普段の休日だけでなく、正月さえ「私はジャニーズのカウントダウンコンサート、息子は友達と初詣、夫は自宅でまったり」（46歳）と違う楽しみ方を歓迎する家も珍しくなくなった。そう言えば、これらは幼い子どもと一緒にいる時間の苦痛を語った若い母親たち（1「子どもが邪魔」参照）と、同じ心から発していたのだと気づく。

家族の時間は個人の時間を脅かすものになりつつあるのだろうか。近年話題の「ソロ活」も決してコロナ禍中だけのものではなく、従来は家族や友達と行っていた外食や旅行・キャンプなどをあえて一人で行おうとする、「個」の時代の新しい楽しみ方になっていくのかもしれない。

ただ、母親や父親が「自分の時間」の大切さを語って自分の好きなことをし始めると、外で夜遅くまで好き勝手をする子どもたちにも「私も同じなので何も言えない」（53歳）と言わなくなる。それが、家族のさらなる「個」化に繋がっている事実も否定できない。

26

「自分時間」を生きる家族たち

家族は「自分の時間」「自分一人の時間」を大切にするようになってきただけではない。一緒に暮らしていても、一人ひとりが固有の「自分時間」を生きるようになってきた。

「ウチは、朝だから昼だから夜だからって決まって食事するような習慣はありません。私だって自分が食べたいなら食べるけど、食べたくなければ抜く主義だし」（41歳）、「ウチの食事は一日三食とか決まっていなくて、みんな自分がお腹空いて食べたくなったときに食べればいいかな、特に一日三食とかこだわらなくてもいいかな、と思っています」（48歳）。

単身者だけでなく、子育て中の主婦からこんな発言を次々と聞くようになったのは２０１０年前後からだ。まるで申し合わせたかのように、同様の発言が一気に噴き出してきたのである。やがてその発言に「本当はいけないと思っているのだけれど……」というためらいがちなニュアンスさえ見られなくなってきた。

家族の食事時間や食べ物が異なる「バラバラ食」はもう20年近く前から見られたが、それとこれとは異なる。単に家族が同じ時間に同じものを食べなくなったのではなく、人が長い間共有してきた「一日三食」の社会的習慣にも、朝昼晩の自然時間にもとらわれず、人それぞれ「自分の食べたいときが食事時」というような感覚に変わってきたのである。「お腹が空かなければ時間になっても食べない」という発言が急増したのは２０１５年頃からだった。

３回目の調査で会ったとき、「ウチはもう『自分ペース』だから、それぞれのペースで三食も食べたり食べなかったりです」（55歳）と話した主婦。彼女はたまに実家に行って、朝・昼・晩と三度三度食事をする80代両親の姿を見ると「二人とも、未だにそんなことをしてるんだー。……信じられない」と驚きを感じるそうだ。自分の家庭には、もう「一日三食」の習慣などほとんどなくなっているのに、両親はこの時代になっても変わらずそれを続けている、と不思議そうに言う。

彼女だけではない。平日でも休日でも、家の中にいても外に出かけても、一日三回決まった時間に食事をとろうとする祖父母世代に対して、「年寄りは、食べることしか楽しみがないから」「あの人たちは、食べることに執着がある人たちだから」と呆れたように、あるいは蔑むように話す主婦たちの声を私は何度も聞いた。豊かな時代に育った自分たちは食べること以外にたくさんの楽しみがあり、食べることにも卑しくないから「一日三食」なんかにこだわらない、と言うのであろうか。

しかし、この変化は暮らしが豊かになったから起きているのではなく、社会的な習慣や自然時間など度外視して、人が個々の「自分の感覚」「自分ペース」で食べるような時間感覚に変わってきたことに起因するのだと思う。

「娘（21歳）や息子（18歳）は、家に居ても自分が食べたくなければ時間になっても部屋から出て来ません」（50歳）、「ウチは息子（13歳）を起こして食べさせたり、起きるのを待って食べることとなんてありません。家族は起きるのも食べるのも全員、自分ペースです」（44歳）、「みんなで一緒に食べようなんて、私も強制はしないし、考えられないです。何時に食べようと基本、子どもたち（16歳・22歳）も私も自由だと思うし」（51歳）。……10年後にそんな家族の変化を語った主婦はとても多かったが、反対に休日に昼過ぎまで寝ている子どもを「朝食を食べなさい」と起こした話など一例も聞かなかった。「誰かに合わせて起こされたら自分だってイヤじゃないですか」（41歳）という感覚が大勢を占めるようになった。

子どもが小さい頃、休日に昼まで寝坊していた親が、先に起きた幼児が一人で何を食べたのか、小学生の子どもがいつどこへ出かけて行ったのか「知らない」こともある。調査票には「下の子は勝手に起きて、一人でテーブルにあったものを食べたみたい」「上の子は友達と約束があってどこかへ出かけていったようだ」と記されている。

一日三食の社会的習慣に人が合わせなくなってきただけでなく、仮に「三食」食べてもその時間が「朝・昼・夕」とは限らないケースも増えてきた。

午後1時半に食べた自分の食事を「朝食」と日記に記入した主婦（36歳）は、インタビューで確認されると「私はいつも、どれが朝食か昼食かビミョー。その日、初めて食べる食事が朝食という感じかな？」と首を傾げる。夜勤明けで帰宅した夫が、寝酒を飲みながら朝食べた食事を「朝食・夕食」どちらと書いたら良いか混乱していた主婦もいる。

個々の異なる生活リズムや感覚のズレによって、どのタイミングで食べる食事を「朝食・昼食・夕食」と呼ぶべきか、その常識や社会通念も怪しくなってきているのであろう。

もちろん、その背景には昼夜を問わず交代制で働く人や、深夜まで遊んだり勉強や仕事をしたりする人の増加も否めない。インターネット通信やスマホのコミュニケーションは24時間可能だから、一緒に暮らしていても一人ひとりが別の時間を生きる家族になってきたのも事実。「朝になったら、みんな起きて朝食を食べるもの」というような、人との時間の共有感覚は急激に薄れつつある。

近年よく問題視される子どもや若年層の「欠食」も、単に現代人が多忙なせいだけでなく、このように周りに合わせなくなった固有の時間感覚によって引き起こされている場合が少なくない。食事も一人だけ別の時間に食べ、昼夜逆転の生活をして、塾も個別指導塾、「人に合わせられない」子（19歳）もそうだった。

そして、いつの間にか家族は、一緒に食卓を囲んでさえ別々の「自分時間」を過ごしていることがある。データには、食事そっちのけでゲーム機を離さない子やテレビに夢中で食事は後回しになっている子、友達とメールをしている子もよく見る。

「食事中も好きなスマホゲームをしながら食べているので、いつも家族とは口をきかない」お父さんや、「ママ友のラインはすぐ返信しないといけないので、メールチェックは欠かせない」と食卓でもスマホを放さないお母さんも同様。家族との食事時間を共有しているように見えて、それぞれが一人遊びの時間やテレビ視聴の時間、外の友達とのコミュニケーションタイムなど、別の時間を食卓に持ち込んでいる。

むしろ今日では、食事も暮らしも個々の異なるペースを尊重しあってこそ家族は一緒に暮らせると考え、無理に社会的習慣や他の家族に合わせるのは、精神的にも身体的にも良くないとさえ言われるようになってきている。少なくとも実態からみれば「一人ひとりの都合」「それぞれのペース」は、「家族のリズムや時間の共有」より、ずっと大事にされている。

このように、気づかぬうちに固有の「自分時間」を生きている家族は、いつの間にか互いへの思いも関心も薄れるのか、家族の関係も変わり始めている。同じ屋根の下に暮らしながら「私は、しばらく娘を見ていない」とか「久しぶりに次男とキッチンで会った」「パパが子どもと会うのは、先週以来」など冗談のような記述や発言もある。

「ウチはみんな、自分の食べたいときに食べて、寝たいときに寝る」と、その自律的関係を自慢する主婦（45歳）もいた。「テレビも映画も音楽も個人視聴の時代だから、時間も話題も家族は共有しなくなった」と話す主婦（47歳）は、自分も個人視聴派だった。

子どもの成長を、子どもが固有の「自分時間」を生きるようになることと捉える親も増えた。そんな家では、まだ中学生や高校生の子どもたちが朝まで起きていたり午後まで寝ていたりすることも、家族と交わらない食事時間や帰宅時間になっていることも、「子どもの自立」「親離れ」と言って、関与しなくなっている。

個人尊重の時代、「モノ」や「コト」だけでなく、「時間」の個人化も急速に進んでいる。

27

「私」中心の呼称変化

ある夕食について「次男の方は、このとき何を食べたのですか?」と中学生の男の子の食事内容を尋ねた時のこと、やや間があって怪訝そうに母親(47歳)はこう聞き返してきた。「次男……ですか? 次男って……一番下の子? 3番目の子のことですか?」と。

この家には、大学生の長女、高校生の長男、中学生の次男と3人の子どもがいるはずだが、話を聞くと彼女にとっては長女・次男・三男という認識であるらしい。その後も質問するたびに「次男って、2番目の子? 3番目の子?」と確認された。

同様のことは、彼女以外の人にも見られる。例えば、2番目に生まれた長女のことをインタビュー中ずっと「次女が……、次女は……」と語り続けた母親(44歳)もいる。この家に女の子は一人しかいないが、男の子の次に生まれた女の子を、彼女は「次女」と呼ぶのである。

また、「長女・長男・次女」と3人いる子どもたちについて、「長女・次男・次女」と話し続けた母親（51歳）もいて上に長男がいるのかと紛らわしかった。4人いる子どもを長女・次女・三男・四男と呼んで語り続けた母親（30歳）のインタビューでは、発言のたびにどの子のことか慎重に確認せざるを得なかった。

そんな混乱は、特に子どもの数が3人以上になると目立つ傾向があるが、2人しか子どもがいなくても「長男と次女」「長女と次男」と話す人もいて、インタビュー時に顕在化しただけで1割に及んだ。

どうやら、子どもを男女別に分けて、「長男・次男・三男」「長女・次女・三女」と呼ぶこと自体が、男の子も女の子も平等と考える現代の親の感覚には馴染まなくなっているのであろうか。今は、男の子だから、長子だからと、家の中で特別な役割を担う時代でもない。そんな旧来の家族制度の枠組みに合わせて子どもたちを呼ぶより、生まれた順番や年齢の上下だけで語る方が、今の親の感覚にはしっくりくるに違いない。

「姑・舅《しゅうと》」という言葉や「義理の母・義理の父」という言葉も、インタビューではほとんど聞くことがなくなった。「義母《はは》・義父《ちち》」という言い方も減ってきている。その代わりに「あちらのお母様・お父様」とか「主人の（向こうの）お母さん・お父さん」などと呼んで話す人が、今では多数派になっている。

当然それに続く言葉遣いもひと昔前とは違い「姑が参りまして」ではなく「あちらのお母様がいらっしゃって」、「義父《ちち》がそう申しまして」ではなく「向こうのお父さんがそう言われたので」など敬語や丁寧語を使って語ることが増えたのは、すでに書いた通りだ。（13「あなたの親は私の他人――夫婦別「実家分担」」参照）

そして、10年後の調査時に自身が祖父母世代になっていた人たちも、子どもの配偶者を従来のように「嫁」とか「婿」などとは言わなくなっていた。「お嫁ちゃん」とか「●●（名前）ちゃん」、「娘の旦那さん」「▲▲君（さん）」など、名前に敬称を付けたり愛称で呼んだりして（インタビュー時も）他人に語る。「嫁」「お嫁さん」と言わず、「お嫁ちゃん」と可愛らしく呼ぶようになったのも、家制度下の嫁姑関係を思わせる呼称への抵抗であろうか。そこでも、旧来の身内意識に合わせた呼称ではなく、自身の近しさや気持ちが表れた呼び方に変わってきている。

第三者への夫の語り方もやはり変わりつつある。インタビューではまだ「主人」と呼ぶ人が多いが、一時期の「夫」も減りつつあり、「うちの人」「彼」、そして「パパ」や「お父さん」など第三者に対しては使わなかった呼称を使う人が増えている。特に30代・40代の主婦では、他人に対しても「パパが下の子の面倒をみていてくれたので……」「お父さんが朝は食べられないので……」などと言う方がむしろ肩肘張らず、自然だというような言語感覚さえ見受けられる。

そんな人が、10年後、20年後の調査で会ったときに、夫を「あの人は……」「あっちが……」「あいつは……」と呼ぶのを聞くとハッと驚くが、「あ」が付くようになっていると、多くの場合、夫婦関係は悪化していた。それもまた、社会的関係や客観的目線よりも正直な「私」の気持ち（距離感）を表す呼び方の変化と言えるかもしれない。

血縁関係、姻戚関係だけでなく、仕事関係の人、近隣に住まう人、子どもの学校で知り合った人の呼び方にも変化が見られ、インタビューの聞き取りでは注意を要するようになった。「朝食の準備が遅れたのは、友達に登校拒否気味の子がいて、その子と朝からラインしていたから……」と主婦（46歳）が言うのは、出社拒否気味の40代職場同僚のことであったり、「隣に住んでる子に誘われて、午後からその子の家でお茶してた」（40歳）と言うのは、隣の奥さんと午後からおしゃべりをしていた話であったり、「昨日、ヨガで一緒の子たちとディズニーランドに行ってきた」（52歳）とは、40~50代主婦のお出かけの話だったりする。勤める保育園の話をするのに、園児のことも同僚職員のことも「あの子・その子」と呼ぶので話が分かりにくかったケースもある（主婦50歳）。

そして、主婦に人気の「ファンクラブ活動」では、「同じ子を、推してる子たち」の話もよく聞くようになった。「推し活」においては、同年代の40代、50代のファンクラブ友達が「子」と呼ばれるだけでなく、若いアーティストも「子」である。

そういえば、今の「推し活」における対象アーティストは、自分が惹かれる遠い「憧れ」の存在ではなく、私が推してあげているお気に入りの「子」。その子を選んで推してあげる「私」が、その活動の真ん中にいるのではないだろうか。コンサート会場では「こっちに手を振って！」「私の方を見て！」と「自分へのファンサ（ファンサービス）を求める」と主婦たちが話すのも、そう考えるとなんだか頷ける。

こんな呼称の様々な混乱や変化について、「今の若い親たちは、日本語も知らない」と知識の欠如をいつまで笑えるだろうか。冒頭の「次男って、3番目の子のこと？」と何度も聞き返してきた主婦は、すでに47歳。彼女は銀行員で、夫も50代のエリートサラリーマン、夫婦ともに大卒である。決して「今の若い親」と言うほど若くもなく、日本語の教育を受けていない人でもない。

むしろ、このような呼称の混乱は、従来の「正しい日本語」が、現代人の家族関係や人と人との関係にも、その心にも、そぐわないものに乖離《かいり》してきたことを表しているのだと思う。特に、同じ人でも初回の調査時より10年後、20年後の調査時に変化したり多出したりしていたのも、見逃せない。

かつてのように、人を地縁・姻戚・社会的諸関係の中に置き直して、「隣の奥さん」「義理の母」「会社の同僚」などと第三者に語る人が減って、「私」とその人との個人的関係や「私」の気持ちに添った呼び方で語る方向へ、呼称も「個」と「個」の関係を中心とするものへ大きく変わりつつある。「近所だから、職場が一緒だから、その子とつき合っているわけではないですからね」と、それを自分との個人的関係であることを強調した人（40歳）もいた。

※本書では、読みにくさや混乱をさけるために、特に必要がない限り「義母」「義父」と書いたり「夫」としている場合があることは、ここにお断りしておく。

第6部

個化する家族――その後の明暗

28

家庭の空洞化と「外ごと化」する家庭機能

家にいたくなくて「外」に出かけたい人、家の中より「外」が落ち着く人、そして昔は家でしたことを「外」でしたい人も増えている。

「家庭学習」という言葉も昔からあるが、文字通り「家庭」でする子どもは今どのくらい居るだろうか。受験生の息子（18歳）を持つある母親（51歳）は、「長男は、勉強って家でするものじゃなくて、どっか外へ行かなければできないものだと思っているみたい」と話す。「どっか」とは塾だけではない。塾がない日も、男の子は「家では勉強できない」と言って毎日マックやファミレスに出かけ、夜遅くまで帰らない。もちろん、家に彼が勉強する部屋がないわけではない。

10年前に遡ってみると、その子はまだ8歳だったが週5回の英語教室を始め、学習塾、エレクトーン教室、スイミングスクールなどで1週間毎日外出しない日はなかった。4歳上の姉も同様。おかげで、お母さんは「毎日忙しくて、食事を作る暇がない」と、夕飯も「外で」食べたり、出来合いを「外から」買って来たりしていた。

勉強を家ではなく外でしようとする子どもは、中学生くらいから顕在化する。そして、高校生になると「家よりマックで勉強する」話が急増する。データを見れば、特に定期試験前に多くなるが、行先はマックをはじめとして各種ファストフード店、ファミレス、カフェなど。それが近年の子どもたちの無視できない「家庭学習」の場所となっている。「家の外でなければ集中できない」「家より外の店でやった方が勉強は捗《はかど》る」と子どもたちは言って、外に出かけて行くそうだ。

6か月と3歳の子ども2人を育てる母親（33歳）は、「育児も家ではできないから」と連日子どもを連れて外に出かけていく。そのために「3か所以上の児童館を常に掛け持ちしている」ので忙しい。「食事も家ではしたくない」と、両方の実家に子どもを預けて頻繁に夫婦で外食に出かけてもいた。週末くらいは家でゆっくり過ごすのかと思ったら「子どもを寝かしつけてから、夜中に夫と車で出かける」のが夫婦お決まりのストレス発散法であった。

10年後に会うと、「自分磨き」と「友達との外食」を理由にやはり外出が多い。9歳と12歳になった子どもたちの育児や食事は、祖父母宅とコンビニなど「外にお任せ」と話す。今後の家族の展望を尋ねる質問に「これからはもっと、みんなが自分自分で（外へ）出かける生活になればいいなと思う」と答えたのも印象的だった。

こんなふうに、かつては家の中でしていた育児や家庭教育も「外部」に委ねたいと考える親が明らかに増えている。子どもの離乳やトイレトレーニングも保育園や幼稚園に期待する声は間違いなく高まっている。

「食」周りだけを取り上げても、母親たちはこんなふうに語るようになってきた。

「家では食事に手間をかけられないので、子どもには学校の給食で栄養を摂ってほしい」（42歳）、「家ではそんなにいろいろ作れないので、夫や子どもには社食や給食で魚や野菜などを摂って栄養バランスを整えてほしい」（53歳）、「学校給食は『体に良い』と思うものを出せるけど、家では絶対無理だから、子どもには給食で食べてきてほしい」（40歳）。そして「長女は学校の給食があったので一日一食でもバランスの取れた食事ができたのに、卒業して給食がなくなったので、これからは心配だ」（41歳）と、ハナから家庭に重点があることとは考えない親もいる。子どもの食物アレルギーについて「小学校（保育園や幼稚園）には注意して抜いてもらっているけど、家では面倒だし無理なので、気にしないことにしている」（32歳）と小学校など外部機関にだけ対応を求める話も、実はよく聞く。

子どもの好き嫌いに関しても、よく似た話が多い。

「ウチでは好きなものだけ食べればいいと思っているので、苦手なものは学校で食べさせてほしい」（35歳）、「私は子どもがトラウマになるのが怖いから食べたがるものしか出さないので、学校では残さず食べる指導をしてほしい」（44歳）、「学校の先生は子どもを見ていられるから子どもも食べて来るけど、私はそこまで見ていられないから学校でいろいろ食べさせてほしい」（40歳）等々、最初から「家ではできない」こととして、学校指導への期待が非常に大きい。しまいには、「外で食べるようになったら治るだろう」と外食に期待する親（45歳）もいる。

こんなことも、家庭ではなく学校など「外部」がすべきことと考えるようになってきたら、「家庭教育」という言葉も、もうじき死語になるかもしれない。

そして、母親たち自身も「野菜は、（家では難しいので）外食のサラダバーで摂るようにしている」とか「食費は、家で食べるものより外食費に回したい」と、栄養バランスやご馳走についても外食への期待を語る。理由を尋ねると「いくらお金をかけても、家でする食事は美味しくならないし楽しめないから」とやむを得ないことのように言う。

実際、家族の好物をアンケートで尋ねると、近年は家庭で作られる料理を挙げる人が減少し、市販品や外食メニューが多数を占める。「○○亭のラーメン」「△△寿司のトロサーモン」「コンビニのお握り」「○○のメロンパン」等々。家庭料理を挙げる人は、あえて「ウチで作った餃子」「パパが作るカレー」などの但し書きをする時代である。

「魚は触りたくないし、揚げ物もしたくないので、外食で食べるようにしている」（39歳）、「子どもは焼き魚が好きだけど、私は調理するのも、骨をとって子どもに食べさせるのも面倒くさいので、食べやすく出してくれる大戸屋や和食店に行く」（36歳）、「美味しいものや本当に食べたいものは外で食べるようにしている」（49歳）なども、今では飾らない一般的な声であろう。「家で夕食を食べたがらない子どもたち（高校生）も『外食行くよ』と言うと帰ってくる」（40歳）という笑えない話もあった。

朝食をあえて家で食べずに出かけ、コンビニの駐車場やファストフード店、誰もいない早朝のオフィスなど家の外で食べる夫たちの話は数えきれない。同じお握りやパンでも「家より外で食べたほうがゆっくり落ち着くって主人は言うんです」と主婦たちも説明する。

以前は「外食が多くなると、栄養バランスが崩れて健康に良くない」とか「料理は加工食品や出来合いよりやっぱり家で作った方が美味しい」「家の食事はゆっくり食べられてよい」と言われたが、それはまるでウソのように反転し始めている。

近年は「風呂」に入るために、わざわざ健康ランドやスーパー銭湯、スポーツジムや公共の入浴施設に出かける人の話も増えた。家族で行く家もあるし、お父さんやお母さんがあえて一人で行く家もある。もちろん家に風呂はあるのだが、「外の方がリラックスしてゆっくり入浴できる」と言う。「健康センターの仮眠室だと家よりゆっくり眠れるから」と、ストレスがたまると睡眠をとるために出かけていく夫（52歳）や、家族と離れてゆっくり眠るために仮眠室に泊まって息抜きをする主婦（48歳）も複数いた。家に全自動洗濯機があるのに、スマホやヘッドホン片手にコインランドリーに出かけ、洗濯さえ外でする仕事に変えた主婦（38歳）は、家の中に居たくないからだと言う。

「家に居場所がない」思春期の子どもたちの問題がよく語られるが、「家に居たくない」「家に居場所がない」のは彼らだけではないのかもしれない。

そして、主婦たちはつくづくこんなことを語る。

「誰も家では食事したがらないし、誰も家では（お酒を）飲みたいとは思わない。家ってそういう雰囲気じゃないですから。……そういうときはみんなそれぞれ外に行くんです」（51歳）、「家で食べると、テレビやパソコンがあるから家族と話す機会もないけど、外食のときは主人も子どもたちもみんな話が弾むんです。だからウチでは『家族コミュニケーションは外食で』って思っています」（46歳）。

「家の外なら親子仲良くいられる」「家の外なら夫婦も話ができる」と言って外食や買い物に出かけたり、ディズニーランドやイベントに出かける話もたくさん聞いた。親子・夫婦で同じスポーツジムやクラブなどに入って、「そこでは会話ができる」という話も聞いた。

だが、同じ家族が家の中では料理の作り方ひとつ互いに尋ね合わず、それぞれがインターネットの「外部情報」を検索し答えを求める。分からないことも困ったことも、目の前の家族に相談するより「外」に情報や答えを求め、家の「外」と繋がって暮らしている。

友達や親戚からもらったプレゼントのお礼も、直接相手に言うよりインスタにアップしてそこで対外的に喜びの心を表す方が丁寧だと教えてくれた人（41歳）もいる。

そして、休日になると「せっかくの休みの日には家に居たくない」（41歳）と、外に出かける家族のなんと多いことか。

一番多い外出先は大型のショッピングセンターやショッピングモールだが、往復の自動車は一緒でも、「現地解散・現地集合」である。「現地に着いたら、家族みんなぱーっと散っていく」「食事時にだけ集合するけど、フードコートでバラバラなものを食べて、また解散する」というスタイルも、どの家も似ている。外のそんな家族行動のために未就学児にキッズ用携帯を持たせている親もいるが、それは幼児や小学生であっても「外で」「独り」行動していることを意味する。

調査期間中の休日の過ごし方について尋ねたとき、「せっかくの休みの日は家に居るのがイヤなので、この日も外にイベントを探して、確か家族でコンサートに行く予定を作った記憶があります」と答えた主婦（54歳）がいた。彼女は「とにかく『外に』予定を作りたかったから出かけたけど、出かけるのが目的だったから、何のコンサートだったか……曲もよく覚えていない」と笑った。

子どもの勉強部屋や内風呂、家族が集まるダイニングテーブル、そして家族みんなで見るテレビやホームシアター、それらを備えたリビングルーム、家族で出かけるためのファミリーカー等、いずれもかつては普通の家になかったものばかり。外にしかなかったり「公共」であったりしたものを次々と家庭に取り込んで「マイホーム」「我が家」の暮らしを充実させようとしたのが１９６０年代以降の日本である。あれから半世紀以上を経て、日本の家族は再びそれらを「外」に求め始めているのだろうか。

10年後、20年後に会ったとき、初回の調査時にはその家にあった「テレビ」「車」「ダイニングテーブル」などを「要らないので、捨てました」という家が立て続けに現れたのは、2018年前後である。いずれも一家団欒やファミリー行動の象徴とされてきたものばかりで実に衝撃的であった。そして、その後まもなく（2020年～）コロナ禍で「ステイホーム」が語られたのは何という皮肉であろうか。

自由でバラバラな「個」の立ち上がりは、旧来の「家庭」が担って来た様々なものを内側から無用化しつつある。そして家族は、その求心的な空間から個々の自由を求めて外へ外へと逃れ出て行って、「家庭」はいつの間にか空洞化し始めているように見える。

29

正論と現実のはざまに

対象主婦のプロフィールを見ると、40代になると仕事をしている人が増える。2回目・3回目の調査では、約85%の主婦が「有職者」（フルタイム・パートタイマー・フリーランスを含む）になっていた。

職種は多岐にわたるが、中でも主婦の経験を生かして子どもの世話や教育に携わる仕事、病人のケアや高齢者のサポートをする仕事、食べ物の製造・販売の仕事などが多い。

さて、様々な経験を経て仕事に復帰した人たちは、どんな気持ちで現代の社会や自らの家庭生活を見直すのだろうか。ここでは特に、資格を持って復帰した人々の実態から見てみたい。

保育士の資格を生かして6年前から仕事に復帰した主婦（44歳）は、今の子どもたちの家庭についてインタビュー中にこんな苦言を呈した。

「今の子どもは家庭で食事が疎かにされていて、持ってくるお弁当もお握りだけとか、おかずがあっても冷凍食品ばっかり。家庭で親と一緒に食べていないし、5歳になっても箸も使えなくて、手で食べたりする子が結構多い」

彼女自身は「毎日の食事は、作ることも食べることも、すべて生活の基本だと思っている」と語る人だ。「だから、ウチはいつも食事には気を付けています。ご飯は家族一緒にしっかり食べているし、子どもたちに箸使いも教えたし、健康のために食事に気を付けることは親の責任だと思うんですよね」と真剣な表情だ。

しかし、彼女の家の食卓について、その実態（日記や写真データ）に基づいて聞いていくと、「ウチは冷凍食品を常備して結構よく使ってるかな」「健康にいい食事とかそんな小さいこと、私は気にしないので」「ウチの子の箸の持ち方は、結構自己流なんで（正しく持てていない）」「家族一緒の食事は私だって苦痛だから、家族と一緒に食べることはほとんどない」と次々話が変わっていく。

では、子どもたちが幼かった頃はどうだったか。10年前の記録を見ると、4歳・6歳の子どもを連れてマクドナルドの外食は日常的。家ではインスタントラーメンと市販の揚げ物が繰り返し出され、レトルト以外の手作り料理があると、決まって「近所の実家からの差し入れ」と書いてあった。菓子パンやお菓子の朝食・昼食もよくあり、4歳の子どもの幼稚園弁当は「子どものお弁当に栄養なんて考えないから、野菜も入れない」と冷凍食品が多用されていた。さらに、「小学校の食育調査で上の子ども（6歳）が『私はいつも孤食です』に○をつけていたって先生に言われちゃって、私はびっくりしたんです」とインタビューで打ち明けていたのも忘れられない。

職場の園児たちの「家庭の実態」について語る厳しい言葉と、かつて自分が子育て中だった頃の実態、そして今の家庭の実態はあまりにも異なる。改めて問い直すと、彼女はこう言い放った。「食事について語ったことは、『そう思っている』というだけで、食事って毎日のことなんで、だから『たまにやる人』じゃない私は、学校や園の先生と違って、そんなふうに理屈通りにはやってられないじゃないですか！」。

それは、自らが先生として園児の家庭食について語ったことを底からひっくり返すような言葉だった。

「ナチュラルフード」や「食と健康」に関するアドバイザーの資格を持ち、教室で教える仕事を始めた主婦（50歳）もいた。食べ物の安全性や一汁三菜の食事、手作りの大切さ、自然素材の出汁の取り方などについては、自ら熱心にネットの書き込みもしている人だ。

だがデータを見ると、自身の家庭では「ナチュラルフード」にこだわった食事も、「一汁三菜」も「出汁」も、1週間に一度も出ていない。ご飯は研がなくていい無洗米、味噌汁は市販のインスタント味噌汁ばかりで、レトルト食品や出来合い、外食がとても多い。

理由を問うと、「一汁三菜の食事を作ったり出汁をとったりすることは、ネットに書き込むだけなので、家では面倒くさいからやらない」「自分がやるときにはそういうことは考えない」「私はファストフードが好きだし、コンビニのたこ焼きやスイーツもハマっているから欠かせない。揚げ物なんか面倒くさいから自分でやることはない」と事も無げに言う。

10年前のデータを見ると、ちょうど今の仕事に繋がる資格取得の勉強中だった。だが、家庭では簡便なだしの素やつゆの素を使って出汁はとらず、味噌汁も当時からインスタントだけ。市販の出来合い品やインスタント・レトルト・冷凍食品を多用する食卓も今と変わらない。

ただ、「梅干し」や「パン」「ぬか漬け」「ひなあられ」などを手作りすると話していたのでそれについて聞くと、「ママ友に『そんなものを手作りするなんて、凄いわねー!』と言われるものは作りたい」と語っていたのが、とても印象的だった。

薬膳料理教室を開いた主婦(48歳)も似ている。薬膳の理論に基づく健康な食事と家族コミュニケーションの大切さを説く人で、「今の人はコミュニケーション下手だから、私の教室では料理だけでなく人と人のふれあいも大事にして、その指導もしている」と、その社会的問題意識も強調する。

しかし、データを見ると彼女は自宅でほとんど料理をしていない。小学生から高校生まで3人の子どもがいるが、家の食事は「私は基本作らないことにしている」そうで、夕飯は遅く帰った夫が簡単な料理をするか、それぞれが買って来て食べるか、実母が運んでくるか、のいずれかだ。

そして、彼女は「家族に口出しはしない」「私は何も言いたくない」と家族とのコミュニケーションを避けるような姿勢を示し、家族と話すことは「うざったい」とまで言う。

夫は脂質の摂りすぎが原因で胆嚢炎の手術をしたばかり、近所に住む義父は腎臓が悪く透析をして食事制限を受けているが、その食事も薬膳の知識を活用して用意してやることは「全くない」ときっぱり。理由は「家でまでそんなこと（＝薬膳料理）をしていたら、私が倒れちゃうから」だった。教室の生徒には「習ったことは家で実践するように諭している」と語っていたが、教室の彼女と自宅の彼女はまるで別人のようだ。

10年前のデータを見れば、まだ仕事はしていなかったが子どもたちを実家に預けたり泊めてもらったりして、食事もどちらかの実家の世話になる日々。主婦が家の食事を作ったのは1週間21食のうち7回だけで、自分一人分のトーストだけの朝食や昼食が数回ずつ、そして母子のうどんだけの夕食が1回だった。

元幼稚園の先生で、フルタイムの保育士として復帰した主婦（52歳）の言も、今の母親たちに手厳しかった。「若いお母さん方は、仕事が休みの日でも自分のリフレッシュだとか言って子どもを園に預けて、自分はランチやエステや買い物に行くんです。家に居ても子どもにはスマホ動画とか見せておいて、自分では遊んでやらない、一緒に食事もしない。だから子どもは園に来ると、保育士に『抱ーっこ、抱ーっこ』とすごく甘えが強い」「その延長で、最近はネグレクトとか虐待とか疑われる子どもの増加もあって、園で見ていて私はすごく気になるんですよね」など、現代の若い親と子どもの深刻な実態について語る。

しかし、その一方自らの家庭についてはこう話す。「私は料理や家事が大っ嫌いで、子どもが小さくて働けなかった頃もネットの無料エステとかレストランモニターとかに片っ端から応募して、その『お仕事』に毎日飛び回っていたんです」「今も家に居たくなくて、朝食だって私は家で食べたくない。家で食べるくらいなら、信号待ちの車の中や職場に早めに来て一人で食べたほうが、ずっと落ち着きます」。

そんな話の後では、前言を忘れたかのように「今のお母さん」への共感をこめて、今の仕事への誇りをこう語る。「ウチの保育園の理念は、お母さん方にエステとか買い物とか『自分の時間』を作ってあげて、イライラを解消してもらうことなんです。そうして、子どもを持つ女性たちをイキイキと輝かせてあげるのが、私たちの仕事なんです」。

保育士としての若い母親への苦言と保育園の理念は相反し、保育士としての言と自身の過去や現在の姿もつながらない、どこまでも裏腹な話をするのだった。

東洋医学を学んで鍼灸師の資格をとり、二度目に会ったときはその専門学校の講師になっていた人（52歳）もいた。「私は東洋医学をやっているから、やっぱり食事はご飯と味噌汁、それからネギのような薬効性の高い野菜を積極的に摂ることは大事だと思っています」など、インタビューでも東洋医学の専門家として食へのこだわりを様々に語っていた。

だが、実際のデータにその事実は認め難い。それどころか「フルタイムになってから、ネギ一本買っても使えずに捨てることになるので、もう買わなくなった」「すぐ食べられるパスタやチャーハンなどの冷凍食品、菓子パン、カップ麺のストックは欠かせない」「毎日デパ地下の総菜と冷凍食品を使うので、ウチの食費は毎月１人４万円にもなるのよ」などと、その実態を説明する。

吹き出物や便秘で悩む子どもたちにも、高コレステロールやメタボで注意を受けている自分や夫の健康にも、東洋医学の専門知識を生かす食事は全く提供されていないのである。理由を聞くと「そういう食事を出してないのは、……だって食事は自分で作ってないですし……。だいたい、今の時代、自分で家で、そういう食事を作るのは、無理なことなんですよ」。愚問を発したインタビュアーに、フルタイムで働く女性の厳しさを教え諭すようにそう答えるのだった。

彼女たちだけではない。子育て中の家庭の食の安全性について問題視しながら「子どもが生まれてからあまりにも忙しくなって、添加物とか食の安全性なんかこだわっていられなくなった」と話す学童保育指導員（49歳）、「家族の健康のために少し高くても食材を選んで買う」と発言しつつ「夫の尿酸値が高いのも、子どもが肥満なのも、向こう（夫の血筋）の遺伝体質で私に関係ないことだから、健康のための食材選びなんか一切していない」と前言を翻す薬剤師（52歳）、「職場（幼稚園）では料理をするけど、家庭では面倒くさいからしたくない」と子どもを欠食にしたり簡単に済ませたりして、それをサプリや栄養食品で賄おうとする栄養士兼調理師（45歳）もいた。

食育や家庭教育のカウンセラーとして講演活動もしている人（51歳）は、「自分で料理するくらいなら、私は食べなくてもいい。だから基本、夕食は作らない。それより私自身の自己実現が大切」と語った。「朝食は大事、毎日の食事は大切だ、と講演では話すけど、それは私の食生活とは別物という感じで、人への教育としてはそう話す、っていうこと」「私は自分が食事の支度をするより勉強会に行って話をする方がいいし、子どもの食べるものを料理するより勉強を見てやる方がいい」とも言うのだった。

2回目の調査時点で保育士・看護師・教師・薬剤師・介護福祉士などの国家資格・公的資格をはじめ、様々な民間資格などを生かして働いていた人は20人いたが、このように決して無視できない発言と実態の「ギャップ」や言説の「反転」が認められた人は17人いた。

先生は、実は「嘘つき」が多いのだろうか。

いろいろな角度でデータを調べ直してみたが、私は彼女たちを多忙さゆえの現代版「紺屋の白袴」とも「医者の不養生」とも思わないし、安易に「嘘つき」「口先ばっかり」と批判することも適切ではないと考えるに至った。

他項ですでに何度もみてきたように、人の「発言」と「実態」にはしばしば大きなギャップがある。過去にしていたことの美化や記憶違いは、日常茶飯。私が「やってるつもり」の

「意識」や、「やっていたつもり」の「記憶」に依拠する調査法を避け、このような綿密な手法にこだわってきたのもそのためである。だから、そのギャップの大きさや頻度については、決して彼女たちだけに目立つ特徴とは考えない。

ならば、この違和感は何か。有職無職を問わず、他の主婦と彼女たちが大きく異なるのは、彼女たちの場合は「先生」として正しいこと・あるべき姿を語るべき立場にあり、語らねばならない（伝えたいと思う）言葉もあるということだ。他の人なら「私はそうしたいと特に思わないので、自分の好きにする」「そんな古臭い考えは、私には関係ない」と本音を語って居直ることもできるし、第一そんな「正論」をあえて人の前で語る必要もない。

問題は、それが自身の現実や生活実感からあまりに乖離しているところにある。つまり、ことの良し悪しを超えて、一般に「正しい」「良い」と考えられている食や家庭・家族の「あるべき姿」「正論」が、実は多くの人々の現実からも実感からもすでに乖離し始めていて、「正論」を語る仕事の人には際立った「矛盾」や「ギャップ」が顕在化する時代になってきた、ということではないだろうか。

先生が嘘つきに見える時代とはそんな時代である。

彼女たちを批判するのはたやすい。だが、その矛盾もギャップも、実は同時代を生きる人間が内側に共有しながら目を背けている問題であり、彼女たちによってそれを見せつけられている、とも言えるだろう。そして、本当は専門家や先生こそ、そのギャップから目を背けることなく見つめ、次の時代の新しい在り方を問い直していかなければならないのだと思う。批判すべき点はそこにある。

そしてもう一つ。彼女たちの矛盾やギャップの背景には、私たちにとって今見逃せない問題が隠されていることに気づく。「食」のような「実践」されてこそ意味のあることにおいてさえ、「実践者」より「情報発信者」が強い力を持ち始めている現実である。「実践」を放棄しつつ「言葉」や「情報」だけ語る人の姿は、急速に進行しつつある現代の情報化の問題も、私たちに突きつけている。

技術を身につけたり向上させたりする講座より「指導者」「アドバイザー」「インストラクター」養成講座の人気が高まっている事実（24「お教室の変化——みんな「教える人」指向」参照）も、これと無関係ではあるまい。

30

崩れなかった円満家庭とは

こうして見てくると、どんな家庭も外からは見えにくい様々な問題を抱えつつ暮らしているのだと思う。何も問題なく暮らしている家庭など、実はほとんどないのかもしれない。とはいえ、「問題事例ばかり取り上げている」「これでは、救いがない」と感じる人もいるだろう。

最後に、10年後に会ったときに夫婦も親子も祖父母も、以前と同様に、あるいは以前にも増して円満に暮らしていた家庭の姿をいくつか取り上げておきたい。

（ここで言う「円満に暮らしていた家庭」とは、2回目・3回目の調査時に夫婦が家庭内離婚や離婚の危機にはなく、10代の子どもの外泊や朝帰り、問題行動や親子の不和が見られない家庭、そして、祖父母世帯とも仲良く行き来がある家庭。また、特別な事情がない限り、家族が共食を維持しようとしていて、日常の家族コミュニケーションも円滑で問題がない家庭、と捉えることにする）

10年後もとても円満だった家庭として、例えばこんな家（妻53歳、夫52歳）がある。夫婦と子どもの3人家族。10年前に高校生だった長女は就職して社会人になっていた。職場は通勤できない距離ではなかったが、「親からの自立」のために一人暮らしを始めていた。

家は夫婦二人だけになっていたが、主婦は相変わらず料理をいろいろ作って、以前より帰宅が早くなった「夫の帰宅を待って」二人で食べる。「二人でお酒を飲みながらおしゃべりをする夕飯のひと時が楽しみ」で、そのため子どもが独立した後も変わらず料理をしていると主婦は話す。

彼女は、以前会ったときにも増して夫を褒めるようになっていた。「主人は、文句も言わず家の中のいろいろなことをしてくれる」「私の実家にも良くしてくれるし、子どもにはとても厳しいけれど、私には優しい」「毎日の家事で私が大変でないように、しょっちゅう外に連れ出してご馳走してくれたり、私の息抜きをさせてくれたりする」等々。そして、そんな夫の気遣いに対して「とても助かる」「感謝している」と何度も語った。

週末には、決まって夫婦でモーニングコーヒーを飲みにカフェに出かけ、その帰りに二人で買い物をしたり、そのまま軽いドライブに出かけたりするのも習慣となっていた。平日は、彼女が朝早く出かける夫を必ず駅まで車で送って行く。

10年前のデータを見ると、「料理好きの夫」が魚を釣ってきては自ら料理をしたり、家の掃除をしたり、日常的に家事をしていた。また、その頃高校に入学して電車通学が始まった娘の登校時間に合わせて一緒に朝食を食べ、二人で電車に乗っていく父親でもあった。「長女が部活などで遅くなる日は、心配なので二人でメールしあって駅で待ち合わせて帰るようにしているみたい」という話も忘れられない。

そんなふうに大事に育てた娘であり、仲良し親子でもあるが、10年後に「今後の親子関係」について尋ねると主婦は意外な考えを述べた。

「最近よく聞くような、おばあちゃんに孫の世話をさせて、若い両親は仕事をバリバリ……っていうのは絶対嫌ね、と主人と話しているんです。だから（非常時は別として）結婚後も親には依存しないで、自分たちの子どもはきちんと自分たちで協力して二人で責任をもって育てなさいって、娘には今からよく言っています」

高校生までは一緒に食事をし、一緒に出掛け、帰りが遅いと駅で待ち合わせて帰っていた父親も、就職後はあえて娘に「一人暮らし」をさせたのもそんな考えからだった。将来の親子関係について、夫婦とも「親に依存せず、夫婦の協力で」と娘の自活を促して手を離そうとしている。それは他の多くの家庭に見られた幼少期から手を放す自立の促し方とはずいぶん異なっていた。

ちなみにこの家は、子どもの独立後に最も食事内容が崩れなかった家の一つである。夫婦二人だけになっても、ドリア・鶏のハーブ焼き・つくねなどの手作り料理や、夫の好きな煮物や焼き魚、そして毎食のようにサラダが添えられ、二人で楽しむ酒の肴であろうか、キンピラや煮浸しなどの常備菜も欠かさない。焼き魚はいつも角皿に大根おろしやスダチを添えて出されていたのも、この調査では非常に珍しかった。

実は、「子ども」が独立すると食事が崩れていく家が多数派で、その理由は「年をとってあまり手をかけられなくなったから」「たくさん食べる人が居なくなったから」と語られることが多いが、データに基づいて言うなら、それは家族の関係が「夫婦」より「母子」中心だった家の特徴なのである。

初回の調査時から、最も家族共食の多い珍しい家庭があった。

夫（50歳）は営業職で忙しく、妻（42歳）はパート看護師、子どもは小学生から中学生まで3人いるから「家族が食卓に揃う」ことが決して容易な家族とは言えない。しかし、この家では夫の家事協力があり、「朝食は家族一緒に食べる」「週末の夕食も必ず揃って食べる」と決めて皆で協力し合っていた。

また、この家は子どもの躾にとても厳しく、子どものリクエストで出される食事は見られない。子どもに家の手伝いもしっかりさせていた。中学に入学した長男が「周りの友達は、みんな携帯を持ってるから欲しい」といくら頼んでも買い与えず、それより「家族や周りの人々への態度、物事に対する姿勢について父親が厳しく叱る」家でもあった。

休日の過ごし方にも特徴があり、10年前もショッピングモールで家族が休日を過ごすことはほとんどなかった。子どもをゲームセンターに連れて行くこともしない。「子どもをショッピングモールで『放し飼い』にして家族それぞれ別の店で買い物を楽しむなど、もっての外だ」「ディズニーランドにもほとんど連れて行ったことがない」と主婦は話していた。

理由は「お金を使って時間を過ごしたり、お金を使って遊んだりすることを当たり前だと思う感覚を身につけさせたくないから」と言う。調査期間中の休日は、手作り弁当を持って家族で公園に出かけて遊んでいた。

誕生日やクリスマスなど家族イベントの日も外食はせず、家で手巻き寿司やパエリャ、チキン料理を作って楽しんでいた。その理由は「行きたいお店はあるけど、そういうところはこの年齢の子どもを連れて行っていい場所かどうか考えてしまう。それなら家で作って食べる方が良いから」と説明していた。

10年後、よく料理をしていた夫は海外に単身赴任して、休暇以外は家に帰れなくなっていた。しかし、就職した長男や大学生の長女、高校生の次女が「父親に代わってよく家事や料理をするように」なり、（地方に暮らす長女と単身赴任の夫を除いて）家族の共食習慣も家事協力もほとんど崩れていなかった。

主婦は「夫が居なくても子どもたちが頼りになるので、私が日常困ることはない」「子どもたちが親のことを考えたり案じたりしてくれるので、とても助かる」「私は最近、子どもたちに聞いたり相談したりすることが増えた」と親子関係がいつの間にか逆転しつつあることを笑いながら話してくれた。

大学生になった長女は地方にある母方の祖父母宅に同居して助け合って暮らしていたり、夫の母親（義母）を引き取って長期にわたる同居介護（妻は看護師）をし、つい先日看取ったばかりだったり、両方の実家との関係も密だった。

そんな主婦に、10年前の子どもの食事の躾について改めて聞くと「特に（躾けたことは）なかったと思います」と答えたが、ふと思い出したようにこう話し始めた。

「長女は箸の持ち方が下手だったので、中学生まで夫婦二人で言い続けましたね。他の子にも好き嫌いとか、食事のマナーとか……そういえばずいぶんウチは言っていましたね」「夫は、『勉強ができなくてもきちんと箸を持てるようになることや家族一緒に食事することは、大事なことなんだ』という考えの人で、今でもとても厳しいです。でも、それって当たり前のことなんじゃないですかね」と。

実は、この家こそ「序文にかえて」で取り上げた食卓の躾がとても厳しかったあのC家である。大きくなった子どもたちは口うるさい親との暮らしや一緒の食卓を敬遠するようになるのかと思ったら、10年後の姿は全く逆であった。

子どもの躾の厳しさと言えば、この家（妻45歳・夫50歳）も忘れられない。

子どもが5歳と8歳だった初回調査時に「箸の持ち方は親の責任だから言い続ける」「口

にものが入ったまましゃべるなと口が酸っぱくなるくらい言っている」「食事中、テレビは必ず消す」と珍しく厳しい家だった。

そして、他の多くの家のように子どもたちにリクエストを聞いて食事を出すことも決してしない。苦手なものも「出さない」どころか「出し続けて」食べさせる方針。そして、子どもがまだ小さいのにテーブルの上がいつも整然と片付けられていて、器使いやその並べ方がとてもきちんとしているのも印象的だった。

10年後の調査時にもテーブルの片付き方と食器使いはそのまま。上の子どもはもう大学生になっていたが、相変わらず「食事中のテレビや携帯は禁止」だった。

主婦は習い事やパートで忙しくしていたが、遅い時間に帰宅して食べる家族がいると、それに合わせて一回ずつ魚を焼いたり、料理を温め直したりして出していることに驚いた。もしかしたら調査を意識した行動かと思って「魚をまとめて焼いて、遅い人にはレンチンして出すようなことはしないんですか？」と尋ねると、驚いたように「えっ？　それは、あり得ない。母もこうしていたし、こうするのが普通かと思っていたんですけど、……えっ、他の家はそうじゃないんですか？」と逆に問い返されてしまった。

初回の調査でも2回目の調査でも、彼女は決して一人ひとりのリクエストを聞いて食事を出したりしていなかったが、一人ひとりに「合わせて」調理し、器を選び、なるべく皆が「揃うのを待って」食べようとしていたのである。「一人ひとり」の尊重の仕方が、他の多くの家とは明らかに違った。

そして料理の作り方も、器使いも、子どもへの厳しい躾も「自分の親もしていたこと」と言い、「母に習った料理」「郷土料理」がたくさん見られ、「合わせみそ」や「ハンバーグ用の自家製ソース」など何気ないものにまで、親からの「伝承」や「習慣」が残っていて崩れていなかった。

食事中に「口が酸っぱくなるくらい」親にうるさく言われ、テレビや携帯も禁止されてきた子どもたちは、10年後にそんな親や食卓を窮屈に感じるようにはならなかったのだろうか。データを見ても話を聞いてもほとんど外食がなく、子どもたちが「遅くなっても外食より家で食べたい」「買ったものより家で作ったもののほうが美味しい」と言うようになっていたのも興味深い。

そして、中学生になった男の子と父親は「男同士」で釣りやキャンプ、野球観戦によく出かける仲良し父子になり、大学生になった女の子は母親と旅行や買い物に行き親の相談にも乗る関係になっていた。

二人とも小遣いは他家に比べてかなり少額だが、大学生の子もその範囲内で友達と遊び、携帯代も払い、アルバイトをしていないのも珍しい。また、この家の夫婦もスポーツが趣味で、休日は共通のスポーツ仲間との付き合いを楽しんでいた。

初回の調査時に比べ10年後の家族関係が見違えるように好転していた家（妻49歳・夫49歳）も1軒あった。

初回の調査では、小学3年生の子どもと母親だけの食事が続き、半ば夫不在の家庭だった。「夫が今日も遅いので」「いつも私と子どもだけなので」と、連日そうめんや冷やし中華、レトルトのスパゲティなど「一皿料理」ばかり続く。日曜日以外は夫の気配も薄く、データには夫の家事参加も家族一緒の行動もほとんどみられなかった。

しかし、10年後は激変していた。

妻は夫の好物を中心に素材からこだわって手をかけた料理をし、夫自身も頻繁に料理に腕を振るっている。そこに大学生になった息子も参加して、いつも食卓は楽しそうだ。全員で「ワイワイ作りながら食べられる」焼肉や鍋料理、手巻き寿司、手作り餃子も出てくる。そんな息子がサークル仲間との外食で遅くなる日は、夫婦二人で買ってきたり作ったりした小鉢料理をテーブルいっぱいに並べ「二人で飲む」楽しそうな光景も見られた。

この変化はいったい何であろうか。理由を尋ねると、「夫が転職したせいです！」と主婦は答えた。それまで夫は残業や休日出勤が続き、休みの日は疲れて寝て過ごす状態だったそうだ。それで遂に身体を壊し転職したところ、収入は減ったが毎日定時退社になり、休日出勤もなくなった。「子どもと二人だった生活が主人と一緒に食事もできるようになったんです！」「それから夫婦も親子もすごい変わりました」と嬉しそうに話す。

夫は最近よく彼女にこう話すそうだ。「子どもはもう大学生なんだから、放っておけ。子どもは就職したら家から出ていく人間だ。僕たち夫婦はその後もずーっと一緒なんだから、その方が大事だ」と。

「今は主人と一緒にお酒を飲んだり、二人で出かけたりするのがとても楽しみ。主人は私のことを一番よくわかってくれて、私の良くないところも含めて受け入れてくれている。家族をとても大事に思ってくれていることが分かるし、決して見捨てない人だとわかるんです」と真顔で言うのだった。

10年後に会ったとき「今は結婚したときよりも、二人の仲がいいと思います」と語ったのは、全対象者の中で彼女一人だ。それは転職後の夫と築き上げた協力的な家庭生活の中で、初めて実感したことらしい。

このように、10年後に会ったとき夫婦、親子（祖父母）、ともに円満だった家庭はそう多くはない。89家庭中、とても円満だった家庭は12家庭、つまり7～8軒に1軒（13・5％）である。そして、多少の問題を抱えながらも、それぞれの努力でバラバラにならず円満さを保っていた家庭も加えると20家庭、4～5軒に1軒（22・5％）であった。

つまり、それは決して「どこにでもある」普通の家庭ではなく、数量的には「少数派」に属するとても貴重な家庭なのだと思う。

では、その明暗を分けているものは何だろうか。そして、「少数派」の円満家庭に共通して見られる特徴とはどんなことだろうか。データから見る限り、こんなことが言えるのではないかと思う。

10年後に円満だった家は、親子・夫婦間の大小様々な諍いを含めて、日常的に「家族が真剣に、深く、関わり合ってきた」家ばかり。決して、「自律的であること」や「個々の自由（勝手）の尊重」を語って、互いに「干渉しない」「詮索しない」ことを是としてきた家族ではない。食卓の躾、手伝いや家事協力、子どものアルバイトや深夜帰宅・外泊なども含めて、本気で話し合ってきた親子（夫婦）である。

子どもの躾には、むしろ口うるさかったり厳しかったりする家ばかりで、自由に使える小遣いが他家より少なめなのも特徴だ。それにもかかわらず、アルバイトをしている子が少なく、していてもアルバイト収入は少ないから自由に遊べるお金もあまりない。子どもから見たら決して「良い」状況とは言えない。どうやら、親子の信頼には「口うるさく言うか、言わぬか」が大事なのではなく、どんな心から言うかが大事なのであろう。

また、夫婦の関係も「自分のことだけする人」同士ではなく、率先して家のことや相手のことを考え、それをし合ってきた人が多い。決して「頼まれないことはあえて手出ししない」「余計な口出しや干渉はしない」という夫婦ではなかった。つまり、「困っていること（困っている人）はないか」と互いを気にかけあう家族の方が、分担して自分のことだけきちんとする家族よりも、信頼を築き上げていたことは見逃せない。いくら家事参加があっても自分の分担しかしない夫婦は「こっちも勝手にするからいいよ」と、互いへの関心も思いやりも失って10年後には無関心・無干渉になっていたのである。

外食や買い物・レジャーなど楽しいところだけ「一緒」にして円満であろうとする他の多くの家庭とはその繋がり方もずいぶん違う。

だが一方、そんな家が緩く見積もっても4〜5軒に1軒しか見られなかった背景には、それがすでに一般的な現代人の望む家族関係とは思われなくなってきていることを表しているのではないかとも思うのである。

主婦たちの発言を聞いていると、上記のような深く密な関わり合いは、多くの人にとってすでに暑苦しくうっとうしく感じられ「そんなことをしても、ご家族は平気なの？」と言われるようなものになっているからだ。

「私は家族にもドライだから」「私は子どもたちにもクールなので」、だから「向こうから頼まれない限り、あえて何もしない」「知らんぷりしている」「干渉したくない」「詮索したくない」……そんな関係を誇らしげに語る主婦たちがすでに多数派であったことも忘れてはならない。

「実家の親たちみたいに家族にプライバシーが無かったり、何でも干渉しあったりする関係ってすごくイヤ」（48歳）、「食事も休日も一緒、グループラインも一緒だなんて、夫婦でも気持ち悪い」（40歳）などの声もたくさん聞いた。事実、親自身も含めて「個々の自由」「個々のペース」「個々の気分」「個々の好み」……と「個」を優先する時代になっている。

そう考えると、夫婦揃ってそうではない考えを持ち、実際にまだそれを実践している家が4～5軒に1軒と少数派なのも、十分頷ける。また、序文に記した3家庭に対する主婦たちの異口同音の発言もそれを映し出したものとして、是非を超えて、よく理解できるのである。

調査概要

【調査目的】

食卓を定点観測の場として、現代家族の実態と変容、その背景を明らかにすることを目的とする。


【調査対象】

1960年以降に生まれた親が形成する、子どもをもつ首都圏在住家庭（回答者はその家庭の主婦）。1998年に始まる年次調査（「食DRIVE」調査）対象者240の中から各10年後に2度目、20年後に3度目の追跡調査を依頼。10年後の追跡調査が可能だったのは89家庭，さらにその中で20年後に可能だったのは8家庭であった。

追跡調査に応じてくれた対象家庭の世帯収入、回答をしてくれた主婦の年齢・職業は図の通り。

対象者年齢（10年後、20年後は省略）

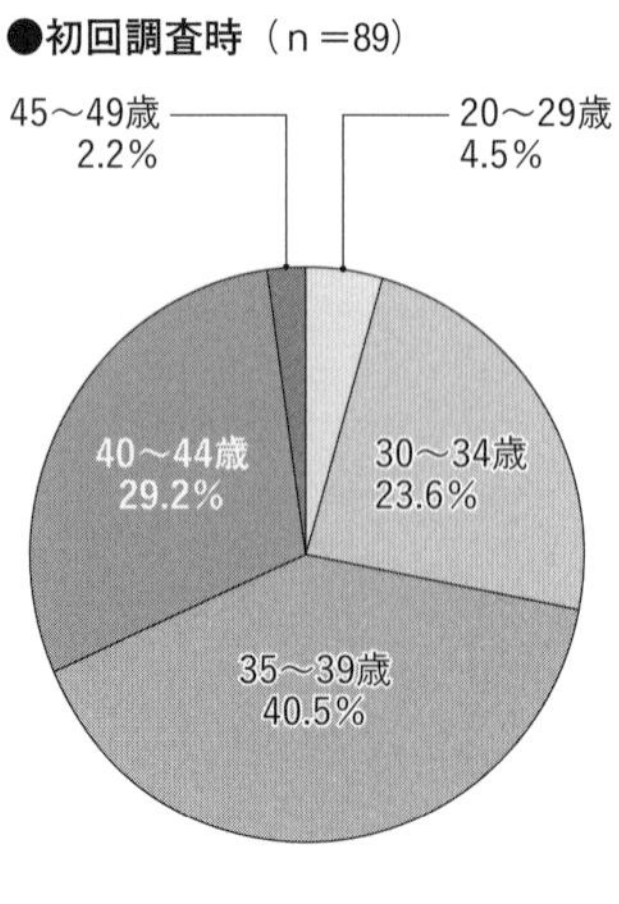

対象者世帯収入（20年後は省略）

●初回調査時（n＝89）

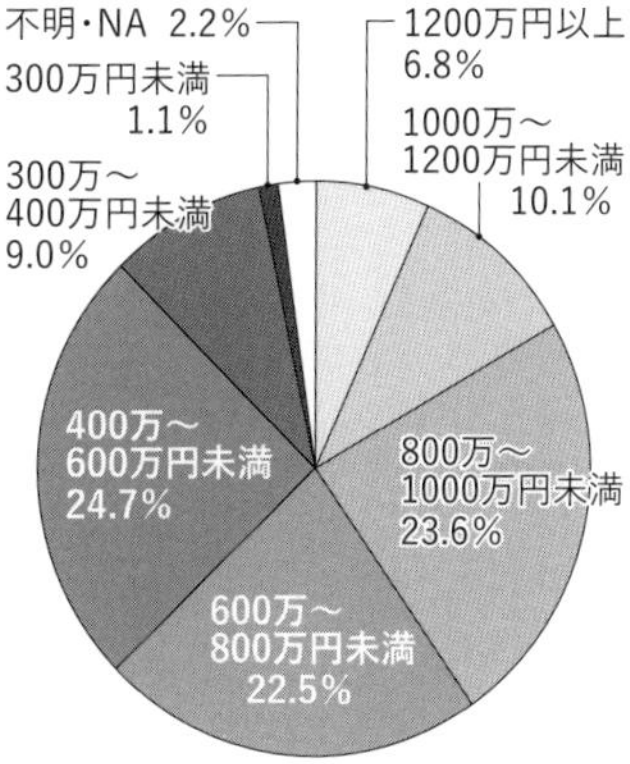

●10年後調査時（n＝89）

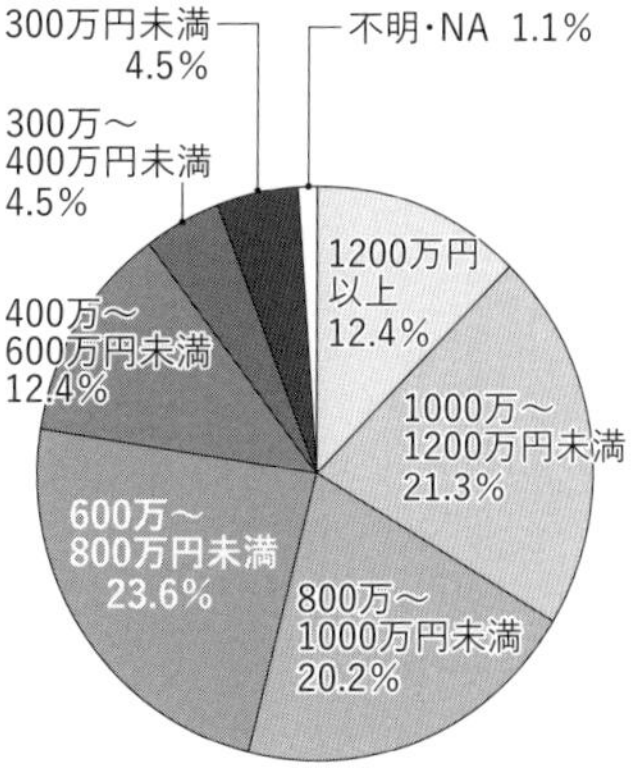

対象者職業（20年後は省略）

●初回調査時（n＝89）

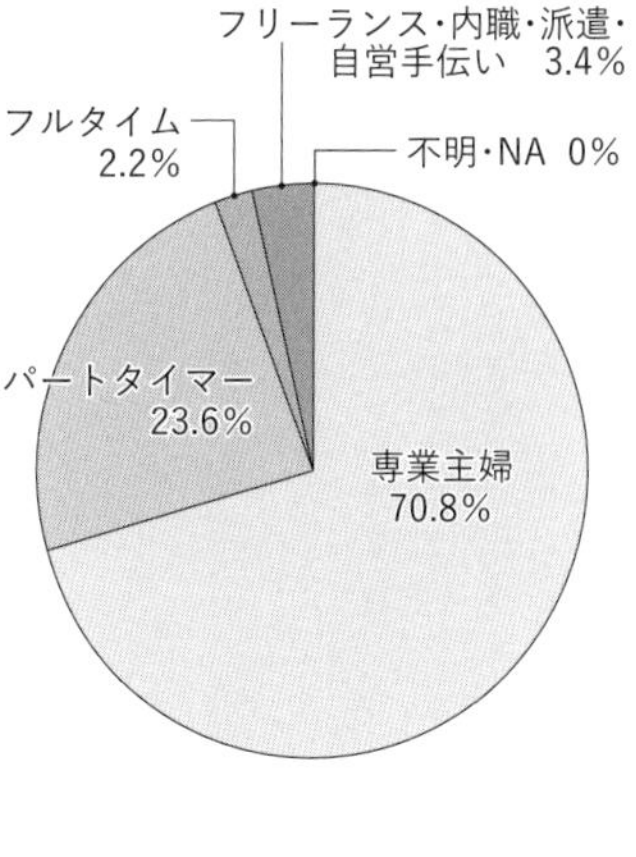

●10年後調査時（n＝89）

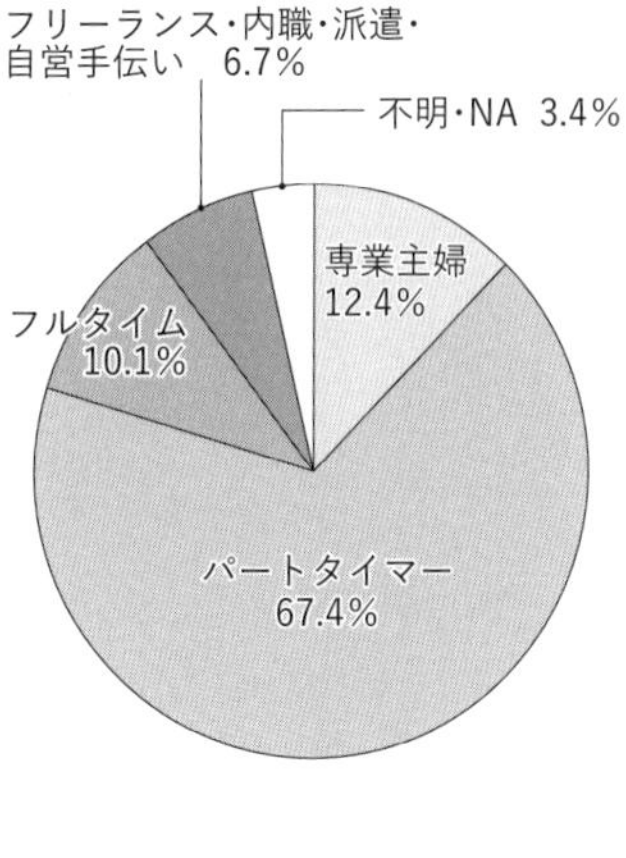

【調査手法】（各回とも共通）

以下の3ステップで行う非常に綿密な調査法による。

- 第1ステップ…食事作りや食生活、家庭生活、趣味や健康状態等について郵送による質問紙法調査を行い回収。
- 第2ステップ…決められた1週間（朝昼晩すべて）の家族全員の食事内容・食材入手経路や作り方・食べ方等について日記と写真で詳細に記録してもらう。（写真は修正や編集を避けるためデジカメ禁止。指定のレンズ付きフィルム〔「写ルンです」〕の撮影に限定。かつ未現像提出を条件とする）
- 第3ステップ…ステップ1（アンケートへの記述回答＝意識）とステップ2（実際に行われたこと＝実態）の結果を突き合わせ、詳細に分析・検討した上で対象者ごとに異なるインタビューフローを作成。1時間半余の個別面接（深層面接に近い詳細面接）調査を実施する。（正確を期するため発言記録は要約筆記ではなく、すべての音声を拾う裁判陳述起こしの専門家等に依頼）

【調査手法の特殊性とお断り】

- アンケート調査も踏まえ定量集計もしているが、超定性調査であるため、定量集計には基本的に馴染まない。本書でも、数量的な割合や増減を語ることは参考までとして抑え、それよりも家族の関係や行動、起きている事象の意味、背景を定性的に明らかにすることを優先した。
- 調査方法の複雑さから、このような調査に回答してくれる人は一般より学歴、世帯収入等がやや高めになるなど、サンプルにやや歪みが生じることはお断りしておく。

- 個人情報保護の観点から、調査結果の精度に影響を与えない範囲で対象者プロフィールに若干の変更を加えた場合があることをお断りしておく。
- なお、本調査では主婦を直接回答者としている（文中では「主婦」ないし「妻」「母親」と記述）が、それは食事や家庭のことは女性のすべきことだと考えるからではなく、現時点ではまだ多くの家庭で、それに関する最も有効な回答者と判断されるからである。
- 夫（父親）や子どもなど他の家族の視点からの長期にわたる調査は、今後の研究者に期待したい。

あとがき

10年・20年の歳月を経て同じ家庭の主婦に連絡することは、思いのほか困難な作業であった。連絡が取れなかった人は4割近くに及んだが、その多くは必ずしも転居等で住所や電話番号が変わっていたからではない。

この間に人と人との連絡方法がすっかり変わって、「個人」の携帯番号やアドレスを知らないと、家庭の固定電話ではほとんど誰にもアクセスできなくなっていたのである。

ようやく連絡がついても、多くの人から仕事や家族関係の変化を理由に断られ、「引き受けてもいい」と言う主婦からは同じような条件を出された。いわく「家族に食べたものを聞くのはもう無理なので、私一人分の記録でも良ければお引き受けしますが……」である。「子どもたちに食べたものなんか聞くと、監視されているみたいだとイヤがられる」「そんなこと根掘り葉掘り聞くような干渉をしたくないし、私だってそんな個人的なことを詮索されたくない」と主婦たちは口々に言うのだった。食事のような「個人的」なことを知りたければ、一人ひとりに聞かなければならない時代になっていたのである。

だから、この二度目・三度目の調査はそんな無理を押して引き受けてくれた人々を対象としたものとも言える。主婦の方々にはとても手間をおかけする調査だったが、なぜか調査終了後には何人もからお礼を言われることがあり、驚かされた。「この調査があって、久々に子どもや主人ともメールのやり取りができました。バラバラになっていたウチの家族にはとても良いコミュニケーション機会となり、感謝しています」などと。

中には「この調査のお陰で、親とは口もきかなくなっていた息子が料理をして見せ、写真に写して記録に入れろと私に自慢してきたんです」とか、「家に帰りたがらない娘から食べたもののメールが来たのは、とても意外でした」「夫の外の付き合いや行きつけの店の話を今回初めて聞かせてもらいました」などのエピソードを嬉しそうに伝えてくれる人もいて、そのお礼の言葉は、調査を断った人の理由や引き受けた人の条件と背中合わせになっていることにも気づかされた。

調査の結果は、「どんな食生活がその後の家族にどんな影響を与えるか」よりも、（食生活や食卓で起きることに限らず）親も子も互いの「個」の自由を優先しようとする様々な行いが、今日の「家族」を大きく変えつつあることをよく示していたのではないかと思う。むしろ、家庭の食卓（食べ物や食べ方）の変化は、その表れに過ぎない。

また、図らずもそれは、今日よく語られる「児童虐待」や「引きこもり、居場所を失う青少年」、「夫婦の不和や離婚」「孤立する高齢者」などの問題とも深く関わっていたのではないかと考えさせられたのである。

「人に迷惑をかけなければ、何をしてもいい」と「個」の自由を語る思想は、いつの間にか互いの自由を主張して家族が綱引きをしたり、無関与・無干渉であることで互いの自由を侵し合わずに共存しようとしたり、誰かに迷惑をかけずには生きられない子どもや高齢者の存在を危うくしたりもしている。インタビューでは、そんな子どもや配偶者、高齢の親に「頼られたくない」「依存されたくない」「犠牲になりたくない」という言葉を何度も聞いた。「自分のことは自分でやってほしい」は、いま家族共存の大切な要件となっていると言っても過言ではない。

個の自由を尊重することが、個と個の関わりを疎み、他者が自分の自由を侵害し脅かす存在のように感じられるなら、人間の最も親密な関わりを前提とする「家族」ほど危ういものはない。非婚化や少子化さえ、自分の自由を犠牲にしてまで配偶者や子との関係を引き受けるか否か、という選択の結果かもしれず、経済的支援だけで改善するとは思えないのである。

私たちはいつの間にか「個」の尊重を目指しながら、それとは似て非なる超「個」のせめぎ合う時代へと突き進み、家族の在り方も激変させている。理想としてきた家族の姿もすでに限界に達しつつあるのか、その象徴であった「食卓《テーブル》」はダイニングルームに置き忘れられたように取り残され始めている。

それが10年・20年にわたり同一家庭89軒の追跡調査を詳細に見終えた今の私の感慨である。

この調査・研究は、食品会社としての自社の利害を超えた、大きな心で調査の独立性に深い理解を示し続けて下さったキユーピー株式会社の支援で長く継続することができた。本年9月まで岩村は同社顧問であったが、誠に有難く深く感謝申し上げたい。同社の船橋哲也氏によるきめ細かな調査の下支えがあって完遂できた仕事でもある。

また、この本は、雑誌『中央公論』編集長の時代からお世話になってきた中央公論新社社長室次長の木佐貫治彦氏、およびラクレ編集部編集委員の山田有紀氏のお陰で何とかまとめることができた。健康上の理由から中断もあり長期におよぶ執筆となったが、戴いたたくさんのご助言と励ましにはお礼の言葉がない。

そして最後に、家庭の内側の貴重な現実を開示して調査にご協力下さった主婦の方々には、この場を借りて深く感謝申し上げたいと思う。

2023年8月4日

岩村暢子

装画　坂之上正久
装幀　中央公論新社デザイン室

岩村暢子（いわむら・のぶこ）

1953（昭和28）年北海道生まれ。調査会社、総研、大手広告会社を経て、現在は大正大学客員教授、女子栄養大学客員教授等をつとめる。食と現代家族の調査・研究を続け、著書に『変わる家族 変わる食卓』『「親の顔が見てみたい！」調査』『普通の家族がいちばん怖い』『日本人には二種類いる』『残念和食にもワケがある』など。『家族の勝手でしょ！』で第2回辻静雄食文化賞受賞。

ぼっちな食卓《しょくたく》

——限界家族《げんかいかぞく》と「個《こ》」の風景《ふうけい》

2023年9月10日　初版発行

著　者　岩村暢子《いわむらのぶこ》

発行者　安部順一

発行所　中央公論新社

〒100-8152　東京都千代田区大手町 1-7-1
電話　販売 03-5299-1730　編集 03-5299-1740
URL https://www.chuko.co.jp/

ＤＴＰ　市川真樹子
印　刷　図書印刷
製　本　大口製本印刷

Published by CHUOKORON-SHINSHA, INC.
Printed in Japan　ISBN978-4-12-005691-8 C0036

中央公論新社　岩村暢子の本

残念和食にもワケがある
――写真で見るニッポンの食卓の今

煮魚や和え物はほぼ〝絶滅危惧種〟で、白いご飯、味噌汁も減少の一途。「お子様ランチ」さながらワンプレートで食事をする大人に、果物やトーストを「硬い」からと嫌う子どもたち……。二〇年に及ぶ食卓調査が、個人の好みや都合を過剰なまでに尊重する〝新しい家族〟の姿を浮き彫りにする。

【単行本】

変わる家族　変わる食卓
――真実に破壊されるマーケティング常識

首都圏に在住する一九六〇年以降に生まれた〈子どもを持つ〉主婦を対象として、五年間にわたって実施された食卓の実態調査〈食ドライブ〉によって明らかにされた驚くべき現代日本の食卓の実態。食卓写真付きアンケートの徹底分析によって、日本の家庭で起きている人間関係、価値観、教育観等の変化にも迫る。〈解説〉養老孟司

【中公文庫】